신생아의 생후 365일
신생아의 발달

테오도어 헬브뤼게, J. 헤르만 폰 뵘펜 공저
김호년 옮김

공동집필진
프릿츠 라요지
도라 메나라
레그린디스 샴베르거

기고자
에밀리 폰 자르쾌치-케르너

148장의 천연색 사진과 그림 포함

KMCU

신생아의 생후 365일
신생아의 발달

지은이 테오도어 헬브뤼게, J. 헤르만 폰 뷤펜
옮긴이 김호년
펴낸이 신일희

펴낸날 2009년 5월 20일 초판1쇄

펴낸곳 계명대학교 출판부
704-701 대구광역시 달서구 달구벌대로 2800
전화 : 053-580-6233 / 팩스 : 053-583-5213
홈페이지 : www.kmupress.com

등록 1970.9.1(신고번호 제347-1998-1호)

ISBN 978-89-7585-467-5

값 12,000원

이 책은 2009학년도 계명문화대학 특별연구비에 의하여 출판되었음

옮긴이의 글

이 책의 원저자인 헬브뤼게(Hellbrügge)교수는 1977년 7월 뮌헨대학교 의과대학 사회소아의학·청소년의학과 주임교수로 역임할 때 뮌헨에서 개최된 제18회 국제 Montessori 학술대회 기조강연에서 "장애아와 비장애아들 간의 통합교육"의 중요성을 부각시켰다. 그는 Montessori의 통합교육에 관심을 가지고 뮌헨어린이센터를 설립하여 Montessori 국제 통합교사를 양성하였고, 이와 더불어 통합교육(Integrative Education)을 실현하는 Montessori Kindergarten(유치원)을 운영해 오고 있다. 그의 기조강연을 계기로 유럽뿐 만 아니라 전 세계적으로 Montessori 유아교육은 Montessori 여사가 의도한 본래의 교육이상을 되찾게 되는 일대 전환점을 맞이하였다.

뮌헨 어린이센터는 Montessori 통합교사 양성과정을 시작으로 Montessori Therapist, Karl Orff Music Therapist, Vojta Therapist 양성과정 등 교육센터와 Montessori 교육원리에 의해 운영되어지고 있는 Montessori 유치원, 초등학교, 중등학교와 더불어 Montessori의 통합교육을 위한 소아의학·청소년의학 종합병원이 한 곳에 운집되어 운영되고 있는 Hellbrügge 재단으로 발전하였다.

옮긴이는 1988년 독일 아이히슈탯트대학교를 졸업하고 뮌헨대학교 박사과정에 입학한 후 Hellbrügge 교수로부터 International Montessori 통합교육을 사사받으며 많은 시간을 뮌헨어린이센터에서 함께 보내게 되었다. 2008년 계명문화대학의 김남석총장을 모시고 뮌헨어린이센터를 방문하여 Hellbrügge 총재를 만나 계명문화대학과 Hellbrügge재단과 자매결연의 협약을 통하여 교육학 및 의학 분야에 공동연구를 위한 인적교류 및 유학생파견을 체결하기로 했다.

그 자리에서 Hellbrügge 총재는 그의 저서인 신생아의 생후 365일(Die ersten 365 Tage im Leben eines Kindes)의 번역판권을 대학에 기증하였다. 이를 계기로 2008년 본 대학은 계명 Hellbrügge 국제 Montessori 연구소를 설립하여 현재 50여명의 교사를 양성하고 있다. 유아특수보육과를 신설하여 현재 통합보육교사를 양성하고 있으며, 유능한 인재를 선발하여 전면장학생으로 독일로 유학 보내고자 준비하고 있는 중이기도 하다.

계명문화대학에서는 이미 2002년 이후 3회에 걸쳐 한독 국제 심포지엄을 개최하였으며, 2009년 5월에는 개교기념일을 축하하기 위한 한독 국제 심포지엄이 계명 Hellbrügge 국제 Montessori 연구소, 유아특수보육과, 유아교육과, 그리고 계명대학교 의과대학 소아청소년과와 공동으로 개최되어질 예정이다. 앞으로도 보다 활발한 학술교류를 통하여 명실상부한 유아교육과 사회소아의학의 선두 주자로서 자리매김하여 지역사회에 크게 공헌할 수 있도록 노력을 아끼지 않을 것이다.

이 한권의 역서가 이러한 양 기관의 돈독한 관계가 보다 성공적인 발전을 기하는데 일조를 할 수 있기를 바라며, 특히 이 역서가 아기들을 기다리고 있는 신혼부부에게 신생아의 발달에 관한 훌륭한 지침서로서 손색이 없기를 바라는 마음 간절하다. 신생아에 관한 책들은 이미 많이 출간되어있다. 그러나 이 역서처럼 8명의 아기들이 의사와 방송전문가들로 구성된 팀에 의하여 2년 동안 실제생활을 통한 관찰들을 일일이 촬영하고 사진으로 그 기록들을 정리하여 발표된 연구보고서는 아마도 전후 무후 할 것이다. 많은 부분 발달장애 내지는 지체를 조기에 발견하여 조기치료를 받게 된다면 완치될 수 있는 확률이 높다는 것을 이 보고서에서는 말하고 있다. 아기들이 이 세상에 태어나 아무 탈 없이 건강하고 행복한 모습으로 성장할 수 있기를 진정으로 바라는 마음에서 이 역서를 기쁜 마음으로 펴내게 되었다.

이 역서가 빛을 볼 수 있게 본 대학에서 특별연구비를 지원하여 주어 출판가능하게 되었으므로 이점 대학당국에 깊은 감사의 말씀을 드린다. 또한 원고교정과 함께 조언을 아끼지 않고 도움을 준 유아교육과 윤복남, 이길동, 송영주교수와 유아특수보육과 손순복교수 그리고 계명대학교 의과대학 소아청소년과 김준식교수에게 깊은 감사의 인사를 드리고 싶다. 그리고 오·탈자를 하나하나 찾아 교정에 많은 시간을 투자한 학과 조교 김수연과 조민정에게도 고마움을 전한다. 또한 이 책의 출판을 기꺼이 허락하여주신 계명대학교 출판부에 감사의 마음을 표하고 싶다.

2009년 5월

김 호 년
계명문화대학 유아특수보육과 학과장

2008년 2월 Hellbrügge 재단 총재실을 방문한 본 대학 김남석 총장께서 Hellbrügge 교수로부터 **신생아의 생후 365일**(Die ersten 365 Tage im Leben eines Kindes, Knaur, 1976)의 판권 증정서를 전달받고 있다.

목 차

왜 이 책을 쓰게 되었는가?

뮌헨대학교의 사회소아의학 · 청소년의학을 위한 연구소에서 지난해에 독일연방정부 청소년가족보건부의 우호적인 지원으로 건강한 신생아에 관하여 체계적인 연구들이 진행되었다.

이러한 연구들은 국제적인 아동발달연구의 경험들에 관한 것으로 베일리(Bayley), 뷜러(Bühler), 헤춰(Hetzer), 담보르스카(Damborska), 프랑켄부르크(Frankenburg), 게젤(Gesell), 일링월스(Illingworth), 콜트소바(Koltsova), 슈미트 콜머(Schmidt-Kolmer) 등의 학자들과 관련되어 아동발달의 학문이 체계적으로 지속발전된 것이다. 이와 함께 생후 첫해동안 중요한 정신운동적 기능들의 발달을 통찰할 수 있는 발달단계가 제시될 수가 있었다. 이 보고서들은 신생아기에 있어서 기기, 앉기, 걷기, 잡기, 인지, 말하기, 언어이해와 사회적 행동의 발달과 관련된 것이다.

이러한 방식으로 "기능적 발달진단"(Funktionelle Entwicklungs-diagnostik)이라는 발달검사 체계가 세워졌다. 이검사로 소아과의사는 태생적이거나 초기에 얻은 경미한 발달장애들을 조기 발견하는데 적용할 수 있게 되었다. 동시에 이 발달진단은 뮌헨 어린이센터의 발달장애가 있는 신생아를 위한 조기 발달치료의 근본토대가 되었다.

그렇지만 부모들이 일찌감치 생후 첫해에 그들 자녀의 발달 혹은 행동의 특정한 이상들을 발견한다면, 지금까지 아직 거의 사용할 기회가 없었던 조기치료가 유일한 기회로 인식하게 될 것이다. 이를 위하여 정상발달에 대한 지식은 필수적이며, 이러한 목적을 위하여 이 책은 기여하게 될 것이다.

이 책안에 수록된 사실들은 무엇보다도 방사선과 환경연구를 위한 협회의 지원으로 시작한 연구프로그램으로부터 유래되어진 것이다. 뿐만 아니라 이 연구를 통하여 건강한 신생아들의 발달을 가장 중요한 기능에 따라 체계적으로 관찰할 수 있었다.

바이에른 주의 텔레비전방송국은 신생아의 생후 첫해 동안의 발달을 사진으로 제시함으로써, 이 연구과제의 결과를 곧 바로 가능한 다양한 계층의 주민들이 유익하게 활용할 수 있도록 만들었다. 뮌헨대학교의 사회소아의학 · 청소년의학의 의학자들과 긴밀한 공동작업으로 바이에른 주의 텔레비전방송국에 근무하는 직원들은 먼저 신생아의 13가지 전형적인 발달단계를 촬영하였다. 동영상을 촬영하는 동안에 끊임없이 계속해서 생후매달에 나타나는 전형적인 발달특징들이 사진으로도 함께 제작되었는데, 이 사진들이 이 책의 기초가 되었다.

부모들은 자신의 자녀가 생후 365일 동안 정상적인 발달을 하고 있는가를 제시된 사진들과 그에 관한 해석들을 통하여 확인할 수 있다. 어떠한 경우라도 신생아의 발달이 위에서 제시한 발달단계와 불일치한다면 전문의에게 진단을 꼭 받아야만 한다. 전문의들은 기능적 발달 진단(Funktinonelle Entwicklungsdiagnostik)이나 또는 다른 방법을 통하여 여러분들의 자녀에게 나타나는 증상들이 단순한 정상상태의 이상인지, 아니면 발달지체 또는 발달질병인지를 확실하게 진단해 줄 것이다.

우리는 여러분들의 자녀의 생후 365일 동안의 삶의 관찰을 이 책의 도움으로 기쁨을 얻을 수 있기를 희망하며, 또한 여러분께서 훗날의 기억을 위해서 자녀의 가장 중요한 발달기록들을 이 책 마지막 장에 기록할 것으로 확신하는 바이다.

Prof. Dr. Theodor Hellbrügge
테오도어 헬브뤼게

이 책이 어떻게 학자들과 텔레비전 전문가들로부터 공동저작하게 되었나?

이 책은 ≪신생아의 생후 365일≫이라는 텔레비전방송 시리즈와 함께 출판된 저서이다. 다섯 명의 건강한 아기들이 뮌헨 어린이센터의 학자들과 뮌헨대학교의 사회소아의학과 청소년의학 의학자들에 의해서 선발되어 4주마다 시리즈를 촬영하기위하여 소집되었다. 촬영을 하는 동안에 신생아의 전형적인 행동표본과 능력들은 학자들의 지시에 따라 사진으로 기록되었다. 학자들과 텔레비전 전문가와의 공동노력의 결과는 다음과 같이 서술되었다.

우리가 다섯 명의 신생아를 선발했던 한 이유는 생후 첫해에는 아주 많은 일이 발생할 수 있기 때문이었다. 어떤 신생아는 병이 날 수도 있었고 혹은 발달이 지체될 수도 있었다. 실제로 한 가정이 이사를 했기 때문에, 우리는 이 신생아를 1년 계속해서 시리즈로 촬영하고 사진을 찍을 수 없었다. 우리는 궁극적으로 정상적인 발달의 개인차를 관찰하기 위해서 다섯 명의 신생아들이 필요했다. 체중이 나가고 둔한 신생아가 날씬하고 활동적인 신생아보다 대부분 초기의 발달 단계에서 느리다는 것은 확실하다. 또한 우리는 흑인 신생아를 한 명 찾으려고 했으나 그런 신생아를 찾기가 결코 쉽지 않았다.

여기에 참여한 신생아들은 안드레아, 프랑크, 미리암, 샨 그리고 다니엘라이며, 나중에 보조 신생아로 에봐, 크리스티네 그리고 크리스티안이 있었는데 다행스럽게도 모든 신생아들이 건강했다. 그러나 그들은 근본적으로 서로 상이했다: 발달이 빠른 신생아, 발달이 느린 신생아 그리고 그 사이에 있는 신생아. 더 이상 좋은 조건을 가진 신생아들의 구성을 만날 수 없었을 정도였다.

처음 6개월간의 시리즈촬영은 뮌헨 어린이센터에서 진행되었다. 그러나 신생아들이 익숙하지 않는 주위환경에 적응하지 못하여 부정적인 반응을 보였기 때문에 시리즈촬영과 사진 찍는 장소를 가정집으로 옮겨야만 했다.

우리는 집이건 어린이센터이건 간에 충분한 공간을 가질 수 없었다. 방한가운데는 언제나 촬영할 수 있도록 비워 놓아야 했으며, 또한 카메라와 음향기기도 가장 좋은 자리를 차지해야만 했기 때문이다. 그 외에도 조명장치들이 있어야 했고, 뿐만 아니라 텔레비전 전문가에게 매 장면마다 조언을 주어야 될 학자들도 자리를 함께 해야 했기 때문이다. 즉 여덟 명 내지 열 명이 항상 함께 자리를 해야 했었다.

촬영에 들어가기 전에 우리는 촬영용어로 ≪춥다(kalt)≫즉 ≪조준카메라 없는 연습≫ 상태로 연습을 했고, 그리고 최상의 상태가 될 때까지 시도하였다. 물론 영화배우연기처럼 요구하지는 않았다. 이때 어머니들은 아기를 어떻게 다루어야할 것인가에 대해 지시를 받아 행동하였다.

지시를 통하여 어머니가 무엇을 해야 하는가를 알고 나면 ≪액션가늠자≫가 내리면서 촬영시작을 알린다. 액션가늠자란 공책만한 크기의 까만 칠판으로 아랫부분에 가위처럼 벌어지면서 열리고 닫힐 수 있게 되어있다. 보조촬영기사는 모든 장면을 촬영하기 전에 가늠자를 열고 닫는 것으로 시작신호를 보낸다. 신생아들의 결막염을 예방하기 위하여 간접조명을 사용해야 했으므로 촬영기사들에게는 불편을 초래했다. 촬영하는 공간은 대체적으로 더웠으며, 때로는 너무 더워 땀을 흘려야 했다. 더구나 모든 창문을 외부의 소음을 차단하기위하여 닫아야만 하였다. 뿐만 아니라 겨울에는 발가벗은 신생아들이 감기가 들지 않도록 기존난방 시설에 추가하여 특별 난방까지 설치하여 사용 하였다.

아주 미세한 소음에도 민감하게 반응하는 음향기술자는 이어폰을 쓰고 일을 해야 했기에 고생이 심했다. 인근을 지나는 구급차의 출동 싸이렌 소리로 인하여 아주 훌륭하게 촬영된 장면을 망쳐버리는 일도 종종 있었다. 그럴 때마다 실망하지 않고 다시 촬영을 시도했다.

사진기사가 어느 순간에 사진을 찍어야 될 것인가는 커다란 과제였다. 그러나 촬영기사가 촬영하는 과정에 사진사가 사진을 찍는다면 카메라의 찰깍하는 소리가 녹음기에 녹음되기 때문에 큰 방해가 되었다. 가장 좋은 접근방법은 사진기사가 시리즈촬영이 끝나고 마지막에 찍는 것이었다. 그러나 이때 즈음이면 거의 모든 신생아들이 지쳐있기 때문에 사진을 찍는다는 것은 대단히 어려운 일이었다. 촬영팀이 철수작업을 하는 동안 사진기사는 전등을 재배치하고 방향도 조절하면서 의사와 심리학자의 지시에 따라 준비하였다. 그리고 나서 사진기사는 자신이 필요로 하는 요구사항을 어머니들에게 알리고 반복적으로 사진을 찍었다.

촬영시간은 아기들의 잠자고 먹는 습관을 고려하여 결정해야 했다. 그 이유는 될 수 있으면 아기들을 방해하지 않으려고 했으며, 더 나아가서 만족스러운 상태에 있는 아기들을 카메라에 담고 싶었기 때문이다. 우리는 촬영시간에 대해서 어머니들과 자주 합의를 통하여 진행하였다. 아기들이 잠을 더 오래 자거나, 수유를 일찍이 해도 된다는 의사의 안내는 우리를 편안하게 하였다. 우리가 방안으로 들어 서려고하면 문에는 "초인종을 누르지 마세요, 아기가 아직 자고 있어요, 제가 아래로 내려올께요!" 라는 메모가 붙어있는 것은 다반사가 되어버렸다.

이럴 경우 촬영팀은 촬영에 필요한 무거운 장비들을 발꿈치를 들고 조용히 집안으로 옮겼으며, 아기가 자고 있는 동안에 다른 방에서 앉아서 조용히 우리의 왕자님과 공주님들이 충분한 수면을 취할 때까지 참을성 있게 기다렸다. 어느 날은 조금만 시간을 늦추었더라면 별 소용이 없을 뻔하기도 하였는데, 왜냐하면 한 아기가 전날과는 달리 우리가 도착하기 전에 벌써 깨어있었기 때문에, 우리는 아기의 흥미가 사라져 버리기 전에 가능한 빨리 장비를 설치하고 시작했어야만 했다.

하나의 놀라운 일이 흑인 아기와 진행되었다. 카메라에 이 아기가 어떻게 나타날지 긴장하면서 기다렸다. 그러나 한 흑인엄마가 피부색이 하얀 아기를 포대기에서 풀어놓는 것을 보았다. 적지 않은 사람들의 얼굴에는 실망의 빛이 역력함을 볼 수 있었다. 그때 누군가가 나지이 말했다: ≪아기가 바뀐 것이거나 아니면 아빠가 백인일 것이다.≫ 흑인 엄마에게서 피부색이 하얀 아기가 태어났다는 것을 도대체 누가 어떻게 상상이나 할 수 있었겠는가! 그러나 피부색이 흰색에서 검은색으로 되기까지 만 3개월이 소요되었다. 우리는 시리즈촬영을 통해서 흰색에서 검은색으로 변하는 흑인 아기의 발달을 카메라에 담을 수 있었다.

어머니들은 점차 카메라가 언제 조준되며, 또 카메라가 액션가늠자가 내려진 후에 촬영을 시작한다는 것을 확실하게 알게 되었다.

촬영은 각본의 순서에 의해서 기능들을 조준해서 찍는 것이 아니라, 아기들의 상태에 따라 자유롭게 촬영되었다. 가장 적절한 방법은 아기들의 기분상태가 좋을 때 우선적으로 사회성 발달과 언어를 조사하고 난 이후에 기기, 앉기, 걷기 등을 조사하는 것이었다. 이러한 방법은 주효했었는데, 왜냐하면 이것은 억지로는 할 수 있는 것이 아니기 때문이었다.

녹음테이프 또는 촬영필름은 어느 정도 사용 후 필요에 따라 자연스럽게 새 것으로 바꾸었다. 필름을 새로 교환할 때 아기에게 빨리 먹을 것을 줄 수 있을 거라고 믿는 사람은 대단히 잘못 생각한 것이다. 이와는 정반

대로 원하지 않은 불가피한 휴식시간에 아기들에게 각본대로 요구하는 것을 준비해야 했기 때문이다. 카메라가 아기를 향해 촬영을 준비할라 치면 아기가 우유병을 찾으며 울기도하고, 또는 촬영에 응할 흥미를 잃어버리기도 했다.

어떤 때는 모든 수단과 방법을 다 동원해야만 했는데 예를 들면 아기들에게 아주 사랑스럽게 말을 걸기도 하고, 얼굴을 찡그리기도 하고, 그리고 그들이 가장 좋아하는 장난감을 제시해 보기도 하고, 의학적, 심리학적 그리고 교육학적 관점에서 노력 해 보았지만 모든 것이 헛수고였다. 그러자 서서히 공동작업자들은 어쩔 줄 몰라 하며 마침내 나에게 도움의 시선을 보냈다. 나는 촬영팀에게 작업을 중단시키고 잠시 휴식시간 가지게 하고, 그들에게 그래도 좁은 방에 남아서, 우리 꼬마 스타들이 마음을 다르게 고쳐먹을 때까지 조명을 켜둔 채 기다리도록 부탁했다. 우리가 경험 한 바에 의하면 조명을 끄고 모두 밖으로 나간 후에, 아기는 마치 어른들이 모두 사라지기를 기다렸다는 듯이, 최고의 기분을 나타내던 것을 목격한 것이 한두 번이 아니었기 때문이다.

우리는 차라리 무더위 속에서 기다리는 편이 더 나았다. 그것은 자주 도움이 되었는데, 어떤 때는 우리는 유감스럽게도 기대했던 것의 반 밖에 얻을 수가 없었지만 그래도 그것으로 만족했어야만 했다. 물론 때로는 모든 것이 거의 반복촬영 없이 한번에 이루어진 때도 있었다.

촬영된 자료는 그 다음날 제작소로 보내져 현상되는데, 이때 불안한 마음은 오로지 모든 것이 잘 되었을까 하는 것이다. 실패한 현상들은 재 촬영을 해야만 했다. 재 촬영을 위하여 모든 참가자들이 다시 모여야 하는 것은 결코 그리 간단한 일이 아니었다.

어린 아기들이 기저귀를 적신다는 것을 알기 때문에 그에 대한 대비도 하였다. 우리는 발가벗은 신생아들을 위하여 검사대위에 커다란 아마포를 펴놓아야만 했다. 아기들은 펴놓은 아마포위에서 그들의 볼 일을 보는 것이 자연스러운 것이 되었는데, 자주 이러한 일이 한 시간에도 여러 번 일어났었다. 이는 촬영 중단을 의미했다. 때문에 신속하게 갈아 주기 위해서 손이 쉽게 닿을 수 있는 곳에 아마포를 쌓아놓고 하였다.

얼마 후 우리는 고려해야만할 것이 또 있음을 알았는데, 여자아기들이 아마포만을 적시는 반면에 누워서 소변을 보는 남자아기들은 주위에 피해를 줄 수 있었다. 그러나 누가 더위와의 전쟁 중에 남자아기들의 해부학적인 측면까지 생각했겠는가?

최초의 희생자는 음향기술자였다. 그는 샨이 딸랑이를 가지고 아주 기분 좋게 놀고 있는 동안 실험대 옆에서 음향기계와 마이크를 들이대고 조용히 쪼그리고 앉아있었다. 순간적으로 우리는 음향기술자가 음향기계와 마이크를 구해내려고 몸을 날리는 것을 목격했다. 그 때에 오줌벼락이 그를 적셨다. 그 광경이 너무도 우스꽝스러워 우리 모두는 물론 오줌벼락을 맞은 음향기술자까지도 배꼽을 잡고 웃었다.

어쩌다 한아이의 아버지가 교대를 위하여 우리계획에 함께 참여했을 때 우리는 당연히 언제나 기뻤다. 아기들은 모두가 첫째 아기이었고, 확인된 바로는 모두가 원해서 낳은 아기로 판명되었다. 게다가 아버지들은 그들의 아기들이 카메라 촬영을 할 때든 아니든 자상히 돌봐주었다.

때로는 우리에게 이 작업은 마치 축구에서 득점을 기대하거나 득점의 환희를 경험하고 또는 우수한 선수가 부상을 당하거나 혹은 몸 상태가 좋지 못하여 게임을 잘 풀어가지 못하기도 하는 것을 경험할 수 있는 축구경기와 같았다. 우리의 작업이나 축구경기에서나 모두 최종 득점만을 계산하거나 아니면 최종결과가 중요하다. 축구에서는 때로는 득점이 없거나 또는 마지막 순간에 득점이 나오는 수도 있다. 그럼에도 불구하고 우리에게는 불리한 것이 있다.

우리에게는 촬영을 위하여 한대의 카메라만 있지만 운동경기에서는 여러 대의 카메라가 준비되어 있다는 것이다.

우리의 최초득점자는 안드레아였다. 예쁘상한 여지아기로 누가 봐도 매력적인 아기라는 것을 알 수 있는데, 더욱이나 촬영을 다시 해야 할 때에도 변함없이 기꺼이 응하였다. 안드레아가 처음 거울 속에서 자기를 보았을 때, ≪다른 아기≫가 거울 뒤에 있는 줄 알고 계속 뒷면에서 다른 아기를 찾았다. 그것은 환상적인 장면이었기에 한번의 촬영으로 끝낼 수 있었다. 한번에 ≪득점≫을 해 낸 것이다.

우리는 일년 넘게 다음의 조건을 충족시킬 수 있는 한 어머니를 찾았다. 먼저 생후2개월의 아기에게 아직 모유를 수유하고 있으며 그리고 카메라도 의식하지 않는 친절한 어머니였다. 이러한 어머니를 찾을 수 있게 된 것은 우리의 이러한 딱하고 절실한 사실을 보도한 뮌헨신문의 덕분이었다. 초기 임산부를 비롯하여 많은 임산부들이 우리에게 전화를 하거나 편지를 쓰기도 했다. 거의 대부분은 아직 한번도 신생아 발달에 대해서 들어보지 못한 채 첫 아기를 기다리는 예비엄마들이었다.

이 예비엄마들은 모유를 수유하는 것은 쓸데없는 일이며, 오직 가슴의 모양만 망가뜨리는 것이라고 생각했다. 모유를 수유하면 자궁이 보다 빨리 수축되며, 유방암에 걸리는 확률이 아주 낮으며, 모유를 먹고 자란 아기가 병에 대한 저항이 강할 뿐만 아니라, 모유를 먹지 않은 아기보다 사회성발달도 보다 더 잘 촉진된다는 것 등 우리들의 작업을 통하여 처음으로 알게 된 것도 많다. 이렇듯 부인들은 더 많은 것을 알고 싶어서 많은 질문을 제기 했을 때, 우리는 이 시리즈가 이미 오래 전에 제작되어 제공되어졌다면 얼마나 좋았을까하는 것을 의식하게 되었다.

2년간 이 시리즈촬영 작업을 하는 동안 우리는 힘에 겨워 여러 번 낙심했고 그 럴 때마다 이 작업을 통해 도움을 필요로 하는 부모들을 계속 지원해주어야 한다고 위로했었다. 본인은 이 책의 목적이 성공적으로 이루어지길 간절히 희망하는 바다.

먼저 수개월동안 이 책과 시리즈 촬영을 위해 많은 시간을 할애해 주신 부모들과 아기들에게 깊은 감사를 드린다. 부모께서는 장기간의 시리즈 촬영 작업에도 불구하고 항상 이상적이었으며 주제 영역에서 이탈된 적이 없었다.

에밀리 폰 자르쾌치-케르너

공동집필진

테오도어 헬브뤼게 교수(Dr. Med) 뮌헨대학교 사회소아의학·청소년의학 연구소 소장, 뮌헨어린이센터 소장

프릿츠 라요지 박사 (Dr. Med) 뮌헨대학교 사회소아의학·청소년의학 연구소 아동연구과 과장, 뮌헨어린이센터 사회소아과 과장

도라 메나라 박사(Dr. Phil) 심리학자, 뮌헨 어린이센터 전 발달치료과 과장

에밀리 폰 자르쾌치-케르너 문필가, TV 감독

레그린디스 샴베르거 박사(Dr. Phil) 심리학자, 뮌헨대학교 사회소아의학·청소년의학 연구소, 뮌헨어린이 센터의 외래 심리과 과장

제이 헤르만 폰 븸펜 박사 바이에른 라디오/TV 방송국 편집국장

옮긴 이

김 호 년 독일 아이히슈탯트 대학교 교육학석사, 독일 발달재활을 위한 아카데미 Montessori 특수교육학석사(AMI), 독일 뮌헨대학교 유아교육학 박사수료

대구광역시 보육정보센터 소장역임, 계명문화대학 사회복지상담과 교수역임, 계명문화대학 유아특수보육과 학과장, 계명 Hellbrügge 국제 Montessori 연구소 소장

아동발달과 발달장애 및 조기치료

인간생명의 경이로움은 출생 시에 누구에게서나 볼 수 있다. 그러나 이 출생이라 함은 최초로 아버지의 정자와 어머니의 난자의 결합으로 시작하여 청소년기에 이르러 성숙이 완성되는 사건의 한순간에 지나지 않는다. 이러한 현상을 우리는 발달이라 한다.

발달의 기본과정들

모든 고등생물의 발달, 특히 인간의 발달은 아주 복잡하다. 이 발달은 결국 두 가지 근본과정들인 성장과 분화에 근저를 두고 있다.

우리가 그 이유는 알지 못하지만 수정란은 지속적으로 분열되기 시작한다. 세포는 끊임없이 계속 분열해서 수백, 수천만 개의 세포를 생성하게 된다. 이러한 세포들은 커지고 또 커져서 조직을 형성하게 된다. 우리는 이를 성장이라 부르며, 성장이라 함은 신체가 제한 받기보다는 촉진된다는 것을 의미한다.

그러나 곧 특정한 세포 집단들은 전혀 다른 발달방향으로 잡아 나아간다. 이들은 세분화되기 시작하여 다양한 신체기관과 기관체계를 위한 노대를 형성한다. 이러한 세분화를 통해서 신체의 세포조직은 점점 분명하게 구별된다. 이러하기 때문에 우리는 분화라고 말한다.

성장의 과정들과 분화의 과정들 간에는 모든 성장이 분화를 생성하고 촉진하지만, 반대로 분화의 진전과 더불어 성장은 억제되어진다는 측면에서 밀접한 관계가 존재한다. 그러나 성장과 분화를 두 가지 다른, 서로 상관관계가 없는 과정들로 생각해서는 안 된다. 성장과 분화는 발달을 성장에서 가장 이상적으로 볼 정도로 서로 아주 밀접하게 얽혀져있다.

그러므로 원칙적으로 아동을 성인들로부터 높은 성장에너지나 혹은 커다란 성장력을 통해서 구별하는 것이 아니라, 오로지 **방해받지 않는 성장**을 통해서 구별해야 한다. 그러나 발달의 정도는 성장과 그의 속도에 따라 알 수 있으며, 초기단계에서는 성장이 후기단계에서 보다 덜 제한을 받는다.

모든 신체기관이 궁극적인 상태에 도달한다는 것은, 그들의 세분화가 완전히 이루어 졌음을 말하며, 성장은 최종적으로 중지되고 아동기는 끝나게 된다. 만약 마지막 성세포들이 완전히 발달되어졌다면, 이는 청년기에 도달했음을 의미 하고, 이 시기부터 청년은 스스로 새로운 인생의 삶을 살아야 하는 입장에 놓인다. 오직 한 개의 수정된 세포에서 궁극적으로 한 사람이 되는 힘에 대하여 우리는 잘 알지 못한다. 우리는 위에 언급한 수정란이 왜 그렇게 오랫동안 성장해야만하고, 발달이 종료될 때까지 그들의 다양한 세포체계속에서 세분화되는지 그 원인을 알지 못한다. 아동의 전체적인 발달은 수정된 세포 안에 이미 결정지어지며, 아동의 신체적, 정신적, 심리적인 특성들이 그들의 부모로부터 유전되어진다는 것은 이미 잘 알려진 사실이다.

아기의 유일성

모든 유전인자는 각각의 체세포의 세포핵 안에 있는 특정한 작은 물체로서, 우리는 이를 염색체라 부른다. 염색체의 분열은 인간의 실존을 위하여 결정적 역할을 하는데, 이는 새로운 연구결과들에 의해 유전인자의 다양성과 그들의 변수들이 대단히 커서, 모든 아기들은 반복되지 않는 유일한 것으로 증명되었기 때문이다.

우리는 이를 이해하기 위해 염색체를 보다 더 구체적으로 접근하여 고찰해봐야 할 것이다. 염색체는 화학적 물질에서 나온 디옥시리보핵산이라고 하는 복잡한 이름을 가진 DNA(독일어:DNS)에서 기인한다. 1953년 노벨상 수상자 Watson과 Crick가 DNA와 관련하여 인간 유일성의 이해를 위한 기본구조의 발견들이 없었다면, 이 명칭을 알지 못했을 것이다. 이들은 염색체가 놀랄만한 배치로 엄청난 수의 변화가능성에도 불구하고, 다만 6개의 기본원소로 혼합되어 있다는 것을 발견해 냈다.

염색체의 구조는 사다리의 나선형으로 꼬여져 있다. DNA-사다리를 늘린다고 생각하면 각각의 염색체는 수십 센티미터가 될 것이다. 이사다리

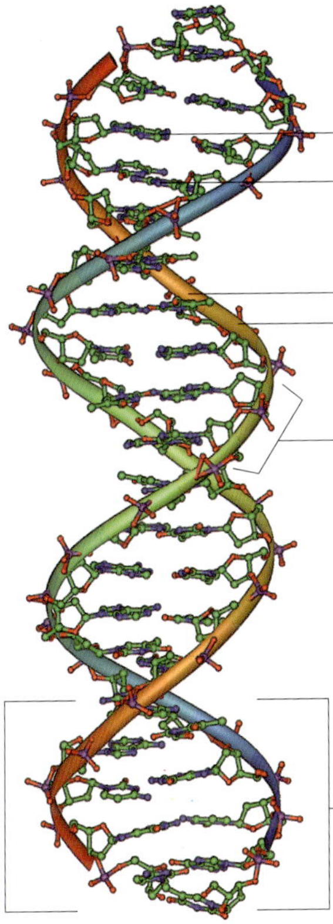

유전인자의 전달자로서 염색체-몸체의 증축. 염색체들은 화학물질인 DNA≪디옥시리보핵산≫로 이루어진다. 이 물질의 구성은 나선형 모양으로 된 사다리와 비슷하다. 이 구조는 오직 6개 근본물질로 믿기지 않을 정도의 많은 유전의 변화가능성을 가지고 있다.(도표 : ≪염색체들의 장애≫, G. H. Valentine, Springer 출판사 Berlin-Heidelberg-New York 1968.)

모양에 있는 수많은 가로막대는 유전인자를 실제로 무제한 변화시킬 수 있다. 15개의 사다리모양의 가로막대는 예를 들자면 10억 개 이상의 다양한 종류로 구성된다. DNA-사다리는 수백만 개의 이러한 가로막대로 되어있다! 그리고 각각 염색체는 이러한 사다리로 구성 되어있다. 각각의 인간세포는 46개의 염색체로 성립되어 있는데, 이 가운데 23개는 아버지로부터 그 나머지 23개는 어머니로부터의 세포물질로 형성되어있다.

이 사다리의 가로막대 수가 얼마나 자주 배열되고, 또 재배열될 수 있는가는 상상을 초월하며, 또한 두 사람에게 동일한 사다리의 가로막대배열을 그들의 DNA-사다리 속에 가질 수 있는 확률이 얼마나 되는지를 계산해 보려는 시도가 있었다. 이 확률을 계산해 본 결과 1대 0이 만개가 붙어있는 숫자이다(1 : 10 ^{10000})0이 만개 붙어 있는 숫자를 쓴다면 이 책 크기로 약 3페이지 반을 채울 것이다.

우리 체세포의 섬세한 구조 속을 연구로부터 밝혀진 이해를 통하여보면 인간아동은 모든 자신의 신체적, 정신적 고유한 성질들과 함께 하나의 이러한 특성을 묘사하고 있는데, 이와 똑같은 특성을 가진 인간이 존재하지도 않았으며 앞으로도 절대로 태어나지 않을 것이라는 확신을 갖게 해준다. 이러한 것은 일란성 쌍둥이의 경우에도 마찬가지이다. 이들이 아무리 같은 아버지와 어머니의 세포에서 나왔다고 하더라도 이들은 자신을 위하여서도 동일하지 않는 유전인자들의 예측할 수없는 변화 가능성을 전제되고 있기 때문이다.

발달의 정확성(Präzision)

한번 인간아동의 정상적 발달이 시작되면 이는 정밀한 시계와 같이 진행된다. 일정한 발달단계들에서는 아동의 신체적 형태뿐만 아니라, 기능적 능력들까지도 포함되는 전형적인 발달상의 특징이 항상 나타난다. 이때의 발달은 실제로 지속적이고 계속적이고 발전적으로 일어나는 것으로 아주 특징적인 방법으로 성취되는 것이다. 세분화된 신체기관은 항상 덜 세분화된 신체기관에서 발달되며, 고등기능은 낮은 기능의 기초 위에서 발달된다.

이를테면 아동발달의 정밀시계는 신체적인 영역에서도 매우 정확하게 이루어지기 때문에 오직 어떤 일정한 시간이 경과한 후에 다음 발달단계에 도달할 뿐 아니라, 이러한 발달상태에서 더욱이 조기에 발달이 완성되어 질 수 있게 된다. 예를 들면 여덟 살 때 신장크기로부터 센티메터 그리고 손목뼈 x-ray의 화골핵의 숫자만으로도 아동의 최종신장을 1/2cm 범위까지도 정확하게 계산할 수 있다.

적응 및 동화능력(An- und Umpassungsfähigkeit)

발달의 또 다른 법칙은 가소성 내지는 높은 적응과 동화능력이다. 이러한 가소성은 발달의 처음 단계에서 극단적으로 크며, 발달의 진전과 함께 점점 사라진다.

예를 들어 이제 막 수정된 난세포는 완전한 두 인간(일란성 쌍생아)을 생산할 수 있는 적응과 동화능력을 소유하고 있다. 그러나 이미 다음 발달단계에서 이러한 능력은 더 이상 존재하지 않는다. 이러한 발달단계에서는 동일한 원(原)조직에서 뇌, 심장, 간 그리고 허파와 같은 여러 가지 기관들이 만들어지는데, 다시 말하자면 한 조직이 여러 가지 기관들을 발달시킬 수 있는 능력이 있다.

그러나 이 변화는 어떤 특정한 기관, 특정한 세포영역 또는 특정한 기능이 세분화되었거나 또는 궁극적으로 완성될 때까지 이루어진다. 이러한 규칙은 발달에 미치는 외부로부터의 영향을 결코 간과할 수 없다. 통상적인 결과에 의하면 아동이 어리면 어릴수록, 그 영향은 정도가 더 심한 결과를 가져온다. 그러나 반대로 덜 발달된 아동은 방해 받지 않은 성장과 큰 적응능력으로 인해서 비교적 큰 재생능력을 갖는다.

임신 중의 발달

아동발달의 진행 일정이 갖는 의미는 이미 알려져 있듯이, 임신 중에 특정한 일들은 태아에게 장애를 끼칠 수 있다는 것이다. 이러한 조기발달장애의 체계적 연구를 통해 정상적 발달의 관찰만으로는 불가능했을 수도 있는 조기 발달과정들에 대한 지식을 얻게 되었다.

아기의 장애는 무엇보다도 장애가 일어날 수 있는 임신기간 중의 발달상태가 결정적인 것으로 증명되었다. 특정한 발달단계들에서는 동일한 장애가능성이 심한 기형들을 초래할 수 있다. 이러한 장애가능성은 다른 발달단계에서는 아무런 영향을 미치지 않는 경우도 있다. 발달징에에 있어 특별히 위험한 것은 세포물질로부터 바로 하나의 기관이 생성되어지는 발달시기 라는 것이 증명되었다.

임신 36일째 되는 날 임신부의 풍진은 선천적인 수정체 내장안(Linsenstar)을 초래할 수 있다. 임신 46일째 되는 날에는 심장기형을 또 62일째 되는 날에는 귀 안의 결함을 초래할 수 있고, 이것은 후일 난청 또는 귀머거리가 될 수 있다.

소위 콘테간 불행(Contergan-Ungluck - 콘테간이란 수면제로서 1957년 10월1일 처음으로 시판되었다. 부작용이 없고 과다복용해도 해롭지 않다는 선전으로 4년 동안 엄청난 알약이 세계적으로 판매되었고, 이 결과 총 12,000명의 기형아가 태어났으며 독일 내에서만 5,000명의 기형아가 탄생했던 불행 사건이었다. : 역자 주)은 예민한 발달단계들에 대해 이러한 지식을 다시 한 번 새롭게 인식하게 된 것이다. 또한 여기서 콘테간보다는 임신의 순간과 아기의 발달상태가 기형을 초래하는데 있어서 더욱 결정적이라는 것을 알았다. 만약 어머니가 임신 마지막달에 콘테간을 복용했다면 이 아기는 건강 했을 것이다.

결정적 발달시기에서는 찻숟가락 정도의 콘테간만으로도 아동에게 심한 장애를 일으키기에 충분하다. 예컨대 임신 41일째와 44일째 사이에 콘데간을 복용하면 다리에 장애를 가져올 수 있다.

태생적 기관손상의 종류들은 임신의 순간 또는 아기의 발달단계에서 결정되어진다. 즉 아기가 자궁 속에서 손상 받게 되는 것을 말한다. 반대로 이러한 경험들을 통해서 우리는 임신 중 어떤 시기에 어떠한 신체기관이 정상적으로 발달하는가에 대한 정보를 얻을 수 있었다.

배아기와 태아기

아동의 발달을 저해하는 큰 위험은 신체기관 전체가 생성되는 시기에 일어난다. 이를 배아기라하며, 임신 후 약 10주까지 계속되는 시기이다. 임신 3개월 이전까지 인간아동은 이미 완벽하게 전체기관이 생성되어진다.

임신 3개월 이후부터를 우리는 태아기라고 한다. 이 시기에는 계속적으로 각 기관들이 발달되며, 무엇보다 더 크게 성장한다. 임신 28주째 즈음에는 태아가 점차 스스로 생존할 수 있는 능력을 가질 수 있게 된다. 무엇보다도 조기 출생한 신생아들은 특별한 의료적 보호가 필요하다.

임산부 배려의 필요성

임신과 출산동안의 신생아의 건강을 위해서 가능한 한 모든 위험으로부터 보호해야 하는 것이 아주 중요하다. 임신기간 중의 예방진단은 태아의 건강을 보호하는데 가장 좋은 방법이다. 임산부가 정기 진찰을 자주 받을수록 분만 시의 영아 사망률을 줄일 수 있다. 영국에서 실시했던 임산부의 진찰을 통한 사전예방의 필요성에 대한 연구보고서에 의하면, 임산부가 임신기간 중 열다섯 번의 진찰을 받았을 경우에 신생아 사망률이 2%에 지나지 않았으나, 전혀 진료를 받지 않은 임산부의 경우에는 10%에 달했다고 밝혀졌다.

독일의 임산부예방검진의 제도는 세계적으로 모범적인 것으로 소개되었다. 이 제도는 어떻게 하든 임산부가 보다 더 유용하게 이용할 수 있도록 제공된 유일한 도움이다.

물론 이 제도가 부모들로부터 전혀 받아들여지지 않고도, 건강한 아기가 출생된다면 이것은 대단한 행복이다.

발달의 기본유형들

인간은 발달이 시작되면 그 발달의 최종상태에 도달하려고 노력하게 된다. 그럼에도 불구하고 모든 신체부위는 같은 속도로 성장하거나 발달하지는 않는다. 원칙적으로 소위 말하는 성장속도는 4가지의 다른 발달유형들로 구분되어 지는데, 이것은 후에 건강한 성취능력, 신체적 성취

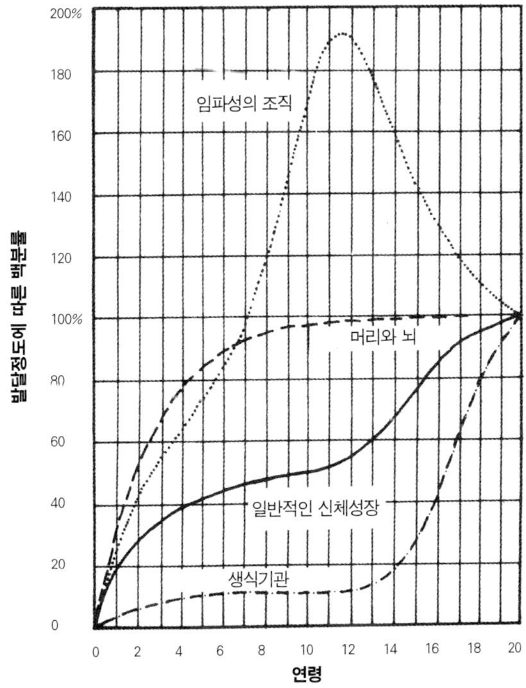

여러 신체기관의 성장과 발달의 4가지 기본유형들 (임파성의 조직, 머리와 뇌, 일반적인 신체성장, 생식기관) 스캠몬, 인간의 측량, 1930a, Univ. Minn. Press 출생 시의 발달을 0으로 20세가 될 때 100%로 설정하였다. 처음 3살까지 엄청난 뇌 성장에 주목하라!

능력, 성적 성취능력 그리고 정신-심리적인 성취능력의 근본토대가 된다. 기본유형들에 대한 안내는 스캠몬이 제시한 표 (23p.)에 일목요연하게 나타나있다. 여기에 성장과정의 4가지 기본유형은 다양한 신체 부분과 함께 그들의 발달 기본유형들을 나타낸다. 출생 시의 상태는 0으로 시작하여 발달의 종료를 100%로 설정하였다.

아동의 건강을 위해서 가장 중요한 기본유형은 임파선 조직의 발달이다. 왜냐하면 이 조직은 예를 들면 감염에 대한 면역에 큰 의미를 가지기 때문이다. 기이한 일은 이 조직의 발달이 열두 살 전후까지 확장되고, 최종 발달상태에는 거의 200%까지 이른다는 것이다. 따라서 알려진 바대로 통계에 의하면 열두 살 전후까지의 사망률이 일생의 전체 사망률 중에서 가장 적은 사망률로 나타나는 것은 결코 우연한 일이 아니다.

두 번째 기본유형은 신체적 성취능력의 발달을 위해 결정적인 것으로는 ≪일반적 신체성장≫과 관계된다. 신체성장의 전형적인 것은 신장의 발달이다. 배아기 때 성장충동은 임신 기간 중 태아의 극단적인 성장에 영향을 끼쳐, 생후 2~3년 동안에도 급격한 성장이 나타나는 것을 알 수 있다. 세 살부터 사춘기까지는 뇌하수체에서 분비되는 성장호르몬의 영향으로 인하여 신장의 성장은 일정한 속도로 진행된다. 사춘기에는 성호르몬에 의하여 한 번 더 급속한 성장이 촉진된다. 성 성숙과 더불어 신체성장은 완성된다. 왜냐하면 대부분의 신체기능은 이러한 성장유형과 동일하기 때문에, 아동의 신체적 성취능력은 성장의 마지막에 그 최고의 성취정도에 도달했다는 것을 알 수 있다.

세 번째 기본유형은 *성기관의 발달*에 관한 것으로, 이는 성적 성취능력과 관계된다. 전체 성 발달은 아동기가 진행될 동안에는 정지되어 있다가, 사춘기와 함께 비로소 성 기관들이 대단한 속도로 성숙하고 발달함으로서 성의 전체 발달을 충족한다.

인간아동은 그의 성 성숙에 관하여서는 모든 생물 중에서 예외적인 위치를 가진다는 것에 우리는 유의해야 한다. 인간의 사춘기는 유인원을 포함한 모든 다른 포유동물에 비해서 가장 늦게 나타난다. 인간은 그렇기 때문에 가장 긴 아동기를 갖는다.

네 번째 기본유형으로는 *정신적 성취능력의 발달*을 위한 그리고 그에 따른 모든 교육 및 학습과정이 결정적이다. 이는 신경계통과 뇌의 발달에 관계된다. 이것은 인간발달의 특수성들에 관련되는 것으로 중추신경체계, 특히 뇌는 모든 다른 신체부분보다 우선적으로 발달하는데, 이는 인간의 배아(Embryo)가 이미 초기에 뇌 발달이 이루어짐으로서 다른 동물의 배아들과는 확실하게 구별된다.

뇌 발달은 출생 후 급속하게 진행되어져 여섯 살에는 이미 90퍼센트까지 완성된다. 이것은 뇌파기(EEG) 전파 활동의 도움으로 뇌의 성장과 크기뿐만 아니라 뇌기능까지도 측정되어 질 수 있다.

얼마 전까지만 해도 학습 및 교육의 진행과정에서의 가장 큰 활성화는 처음 학령기에 이르러서, 즉 뇌성장이 끝난 후에야 비로소 나타나는 것으로 믿고 있었다. 일부 새로운 지식들에 의해 삶을 결정지을 수 있는 교육과 학습의 진행과정은 뇌와 신경체계의 초기발달단계에서 시작된다는 것이 보다 명백하게 되었다. 이를 이해하기 위해서 다음과 같이 아동발달의 진행과정에서 민감하고도 결정적인, 곧 각인이 되는 시기들을 언급하였다.

민감 혹은 각인 발달단계

출생이전의 정상적인 발달은 외부의 영향으로부터 방해받지 않고 지속적으로 진행되고, 출생 이후에는 외부환경의 영향이 대단한 의미를 갖는다. 국제적으로 아동발달연구(Child Development-Forschung)란 개념의 다양한 여러 연구들은 우리에게 출생 이후 일어나는 발달의 일정한 법칙성들을 알게 해 준다.

≪아동과 사회 그리고 사회로부터 특징지어진 환경간의 상호작용에 관한 학문≫을 일컫는 사회소아의학은 이 연구들에서 중요한 부분을 차지하고 있다 여기에서 다시금 출생 전 뿐 아니라 출생 후에 병에 걸린 아동과 장애아동에게서 얻어진 지식들이 건강한 아동의 발달에 관한 중요한 법칙들을 발견하도록 해 준다는 것이 알려졌다.

또 여기서 의미하는 것은 기능적 발달에는 중요한 신체적, 정신적, 심리적 그리고 사회적 기능들의 발달이 있으며, 이러한 특정한 발달진행과정을 위해 아주 특별나게 예민하며 결정적인 각인시기들이 있다는 것이 나타났다. 이러한 발달의 주기들은 이 시기에 필요한 발달진행과정이 적어도 나중에는 동일한 방식으로 진행될 수 없다는 의미이다. 이를 이해하기 위해서, 예를 들면 레코드판 제작을 들 수 있다. 일단 움직이기 시작한 녹음용 납판은 돌아가기 시작한다. 이때 음관(音

管)을 잠시 중단하게 되면, 레코드판은 끝날 때까지 돌아가고 이 부분은 비어 있게 된다. 이 레코드판을 나중에 계속해서 틀 수 있지만 녹음이 되지 않은 판의 부분은 무성으로 남게 된다.

이러한 예를 통해서 나타난 것은 역시 발달에는 시기의 적절한 가소성이 있다는 것이다. 레코드판이 다 돌아갔거나 아니면 만약에 발달 - 부분기능들도 역시 - 이 끝난다면, 뒤따르게 될 각인은 더 이상 불가능하거나 또는 대단한 어려움을 겪는다.

신체적인 것과 정신적 기능들 사이에 각인과 관련되는 것은 대단히 큰 차이가 있음이 입증되었다. 일반적으로 민감기 단계에서 앉기, 걷기, 쥐기와 잡기 같은 영아의 운동능력은 외부영향과는 관계없이 지속적으로 발달하는 반면에, 정신적 발달과정은 영아의 주위환경 속에서 특정한 전제조건들을 필요로 한다.

청각 장애아

독일의 농아자 약 35,000명 가운데 약 90퍼센트가 청각잔여(Hörrest)를 가지고 있다고 이 분야의 전문가들은 일치된 견해를 밝히고 있다. 이러한 청각잔여는 너무 빈약한 것이어서 아동의 자연스러운 듣기 충동을 충족시켜 줄 수 없다. 이런 아동은 어머니가 말하는 것을 듣지 못하고, 자신의 언어로 청각을 발달시킬 수 없다. 극심한 농아장애는 청각장애로부터 온다.

오늘날 우리는 청각장애를 가진 아동들을 위하여, 만약에 아직도 남아있는 청각잔여를 아기-청각측정기(Baby-Audiometrie)로 조기진단 할 수 있고 또 보청기를 통하여 강화시킬 수 있다면, 피할 수 없는 운명이 아니라는 것을 알고 있다. 집중적인 언어훈련을 통해서 이러한 영아들은 정상적인 언어를 습득할 수 있는 기회를 갖게 된다.그러나 이러한 기회는 생후 첫해 신생아기에만 가능하다. 우리는 청각장애를 가진 신생아에게 생후 첫해 이내에 진단과 치료를 제공한다면 정상적인 언어발달이 가능하고, 네 살 때 시작하게 되면 너무 늦다는 것을 확신한다. 다양한 측면에서 집중적으로 지원해 주는 농아시설의 노력으로도 이러한 아동에게 정상적 언어습득을 기대할 수 없다.

이러한 지식으로부터, 건강한 아동의 발달을 위하여 조기 언어각인은 생후 첫 3년까지의 기능이며 또 그것은 거스를 수 없으며 재론될 수 없다는 결론을 이끌어 낼 수 있다. 그러므로 생후 1년간의 언어영향은 후일의 언어촉진으로서 보다 발달에 큰 영향을 미치게 된다. 우리는 모국어의 당위성에 대해서도 언급해야 한다. 우리는 뇌의 해당부분이 최종적으로 발달했을 때 즉, 네 살 이후에는 더 이상 언어가 각인될 수 없다는 것을 알아야만 한다.

언어교육과 사고능력

언어발달은 아동의 전체 정신 발달에 있어서 결정적이다. 우리가 사고하기 때문에 말한다는 것은 다양한 측면에서 받아들여지고 있다. 오히려 농아자들과의 경험들은 우리가 먼저 말하기 때문에 사고한다는 결론을 내리게끔 압박한다. 농아자는 정신적으로 장애가 없는 건강한 사람보다 낮은 정신적 수준을 가지고 있다는 것은 오랫동안 알려져 온 사실이다. 그러므로 농아자는 추상적 개념을 거의 형성할 수 없는 처지에 놓여있다.

≪파악한다≫는 단어로 다음과 같이 쉽게 설명 할 수 있다. 즉 농아자는 그가 보거나 느끼는 것만을 모두 파악할 수 있는 능력이 있다. ≪자유≫란 말은 볼 수도 또한 만질 수도 없는 것이기 때문에 역시 이해할 수 없다. 여기서 말하는 ≪파악한다 (begreifen)≫는 말의 추상성을 구별하기위하여 ≪잡다 (greifen)≫라는 독일어의 뉘앙스에 유의해야 한다.

이러한 지식을 건강한 아동의 교육과 발달에 다시 적용하면, 초기 아동기의 언어교육이 언어과정에서뿐 아니라 전인적인 인격형성발달에 영향을 미친다는 것과, 또한 초기 아동기의 언어발달이 이후의 인지적 및 정신적 발달에 결정적인 영향을 미친다는 것을 알 수 있다.

운동 장애아

적지 않은 비율의 아동들이 출생 때 일시적인 산소 부족 때문에 운동장애의 원인이 되는 손상을 받는다. 우리는 이러한 경우에 우선 정상적 움직임의 협응을 책임지고 있는 뇌의 일부분이 손상 받았을 것으로 생각해야만 한다.

국제적인 경험들에 의하면, 장애를 가진 대부분의 아동들이 만약에 조기에 치료를 받을 수 있다면 일생동안 정상적으로 앉거나, 걷거나 혹은 잡는 것을 배우지 못하는 운명에 얽매일 필요가 없다는 것을 보여주었다.

이러한 치료는 문제의 운동유형이 뇌 발달에 최종적으로 각인되기 전, 적당한 시기에 외부로부터 정상적인 운동유형을 연습시키는 것이다.

국내외의 다양한 치료센터의 다양한 많은 경험들은 가장 이상적인 치료시기를 생후 3개월에서 11개월까지로 본다. 11개월 이후에 치료적 노력이 전혀 의미가 없는 것은 아니지만, 많은 아동의 경우 정상적 운동유형을 훈련시키는 기회는 있었지만 효과는 크게 기대할 수는 없다.

이러한 운동장애아동의 조기치료를 위한 지식은 간과할 수 없는 의미를 가지고 있다. 예를 들어 강직성 마비를 가진 아동의 경우는 치료가 빠르면 빠를수록 그 성공도는 더욱 높다. 생후 1개월 이내에 담당의사가 조금이라도 의심을 하면, 특히 부모들은 이를 무엇보다도 진지하게 받아들여야 하며, 그렇지 않을 경우 치료회복을 위한 소중한 시기를 놓쳐 버리게 된다. 부모들은 자신의 자녀가 ≪발달이 늦는 아이≫로 진단된 설명에 만족해서는 안 된다. (조기치료의 중요성을 강조 : 역자 주)

시각 장애아

신뢰할만한 중부유럽의 통계에 의하면 전체 인구의 약 3~4 %가 사시(斜視)이며 그들 가운데 20%는 한 쪽이 정도가 대단히 심한 약시가 동반된 사시라는 것이다. 초등학교 입학아동들 가운데 약 10%가 다소간 정도의 차이가 있지만 심한 시각장애를 나타내고, 이러한 시각장애는 기능적으로는 실제로 애꾸눈과 같은 상황을 말한다. 이를 이해하기 위해서 두 눈의 시력발달을 추적해야만 한다. 이미 생후 6개월이 되면서부터 두 눈으로 볼 수 있는 기능이 확실한 반사로 나타나며, 두 눈으로 볼 수 있는 발달은 실제로는 생후 3년이 되어서야 그 절정에 이른다.

시력발달의 과정의 모든 장애들은 이 시기에 사시가 될 수 있고, 이중사시의 40%가 생후 일년 이내에, 80%가 3세 혹은 4세 때 증상이 나타난다. 눈의 사시의 위치는 단지 약시가 아닌 눈에 비친 형상을 고려하도록 뇌를 자극한다. 다른 경우에 아동은 이중현상을 볼 수 있을 것이다.

우리는 오늘날 시각장애 아동들 가운데 사시가 되어 아동의 한 쪽 눈만 기능을 가진 아동의 치료는 항상 가능한 것은 아니며, 어떤 경우라도 4세 이전에 치료적 방책이 시도되어야만 성공할 수 있다는 것을 알고 있다.

건강한 아동을 위해서는 두 눈으로 보는 시각능력의 각인이 다시금 생후 1년 이내의 기능임에 틀림없다는 결론에 이르게 된다.

사회성 장애아에 대한 인식

인지와 외부의 의미 있는 영향은 과거 수년간에는 아동발달에 사회성 장애를 가진 아동들에게 특별하게 나타났다. 사회성 장애를 가진 아동들은 주로 신생아와 영아들이다. 이들은 대개 시설이나 탁아소에서 성장했거나 또는 이들의 어머니가 생계활동 때문에 이들을 돌보고 교육할 수 있는 충분한 시간이 없었다.

생후 1년까지의 한 신생아를 돌보는데 필요한 순수한 시간의 양이 얼마나 되는지 계산하는 것이 어렵지 않은데, 이는 건강한 신생아에게 온종일 직접적인 어머니의 모든 보호의 손길이 요구되기 때문이다.

생후 일주일까지 신생아는 처음에는 여섯 번, 조금 지난 후에는 다섯 번, 그 다음은 네 번의 수유를 필요로 한다. 어머니와 건강한 신생아 사이에서 하루 일상 가운데 갖는 밀접한 관계, 특히 수유, 기저귀 갈기, 목욕시키기 또는 안고 어르는 등 애착형성에 필요한 시간은 적어도 하루 평균 5~6시간이 소요된다.

이러한 애착형성이 전혀 없거나 충분하지 않으면, 아동은 발달지체상태에 놓이게 된다. 이러한 것은 국내외의 수많은 학자들에 의해서 매번 다시금 증명되어졌다.

뮌헨 어린이센터의 새로운 발달진단방법의 도움으로 인하여, 지속적인 어머니 역할을 하는 사람의 보호를 오랫동안 충분히 받지 못한 신생아는 무엇보다도 언어와 사회성 발달에 지체가 심하다는 것이 발견되었다. 이러한 지체는 어머니 역할을 하는 사람이 신생아를 위해서 시간을 적게 가질수록 또는 이러한 양육자가 빈번하게 바뀔수록 더욱 뚜렷하게 나타난다.

30쪽에 있는 그림은 가정에서 자란 건강한 아기와 비교하여 시설에서 자랄 수밖에 없었던 한 건강한 아기의 상이한 발달측면을 제시하고 있다.

가정에서 자란 13개월 된 신생아의 발달곡선은 동일 연령 대에서 도달해야 되는 모든 기능의 수치들을 나타내고 있다.

이에 반해서 시설에서 자란신생아의 발달곡선은 뚜렷하게 다르다. 시설신생아는 생후 3개월까지 모든 그의 능력들이 정상적이었음에도 불구

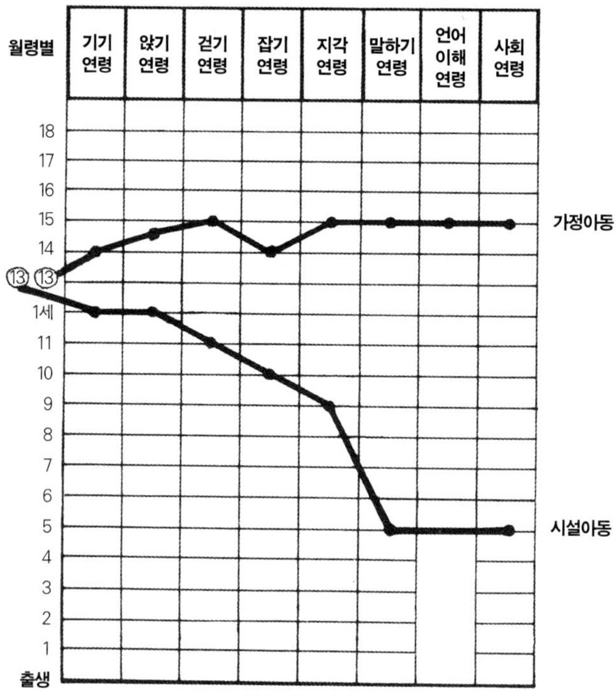

가정에서 자란 아동의 발달(위쪽의 꺾은선 그래프)과 시설에서 오래 성장한 아동의 발달(아래쪽의 꺾은선 그래프). 한 어머니로부터 양육되고 교육받지 못할 경우 비록 시설에서 건강하게 잘 양육된 아동이라 할지라도 특히 사회성과 언어발달에 엄청난 지체를 보이는 것에 주목해야 한다.

하고, 시설에서의 성장기간이 계속될수록 잡기와 놀이에서 뚜렷한 발달 지체를 나타내고, 특히 언어 및 사회성발달에 치명적인 지체를 가져온 것을 볼 수 있다. 생후 13개월에 나타난 이러한 기능들의 발달상태는 정상적인 신생아의 5개월에 나타나는 발달상태에 해당되는 것이다.

이러한 예는 시설에서 자라난 신생아들이나 영아들에게 전형적으로 나타난다. 탁아소에서 자란 신생아들의 지체현상은 심각하지 않으나, 역시 뚜렷한 차이를 보인다.

사회성 발달의 민감기

아동이 성장하여 사회일원으로서 갖추어야할 사회적 행동의 원리들을 확실히 획득해야할 특정한 사회성발달의 시기가 있다.

보울비(Bowlby)는 세계보건기구의 위탁으로 출판된 그의 유명한 논문인 ≪어머니의 보호와 정신건강≫에서 여러 가지 경험들을 수록했다. 그에 따르면 생후 1년 이내의 영아기에 관계되는 사람의 관심이 부족하면 인간상호관계들에 있어서 사회성 발달의 장애가 나타난다. 이것은 이후 반사회적 성격, 타락 또는 범죄를 초래할 수 있다고 보고했다.

뿐만 아니라 이 연구에서는 생후 1년 이내에 시설에서 자란 경우 사회의 상위계층 출신으로 좋은 건강과 높은 지능을 가졌음에도 불구하고 학교와 직장에서 실패했음을 제시하고 있다.

입양 어린이들을 대상으로 3년 동안 진행된 뮌헨 어린이센터의 연구는 사회성 발달의 결정적 시기는 생후 3년 동안이라는 것을 명확히 시사하고 있다. 이러한 민감기에 한 어머니의 역할을 하는 사람과 상호작용을 전혀 갖지 못했거나 또는 충분하지 않는 인간상호관계를 가졌을 때, 놀이와 사회행동에서의 장애들은 회복하기 어렵다. 위에서 언급한 전형적인 발달장애를 가시고 시설에서 자랐던 입양어린이들은, 입양이 생후 1년 이내에 이루어지고, 이와 동시에 적절한 상담과 치료가 병행되면, 입양가정에서의 통합을 위한 적응에는 아무런 어려움을 나타내지 않는다. 이에 반하여 3 세 또는 그 이후에 시설에서 나온 아동들은 집중적인 치료에도 불구하고 개선능력에는 한계가 있었다.

조기치료와 교육을 위한 안내

앞 장에서 서술했듯이 아동발달의 법칙성과 관련되는 지식들은, 교육뿐만 아니라, 장애아동의 치료와 학습과정에 있어서 명백한 결과로 나타났고, 이것을 뮌헨 어린이 센터에서는 체계적으로 실천에 옮기게 되었다.

발달에 있어서 아동의 큰 적응 및 조절능력이라는 가소성의 결과에 의한 조기치료는 늦게 치료하는 것보다 더 효과적이다. 더 나아가 같은 방법으로 행하는 어머니의 치료는 경우에 따라서 여러 치료자가 제공하는 치료보다 훨씬 효과적이라는 사실이 알려져 있다.

청각, 운동, 시각 그리고 사회성 장애아의 사례들은 역시 출생 후에도 특정한 발달과정들이 있고, 이러한 발달과정들은 여러 기능들의 각인을 위한 결정적으로 민감한 시기가 있다는 것을 보여주고 있다. 정상적인 발달을 위해 전제되는 보호와 교육을 제공하지 않는다면 건강한 아동도 장애아동이 될 수 있다는 것을 사례를 들어 언급했었다. 신생아와 영아는 인간 삶의 중요한 사회성 발달을 위해서 무엇보다도 한 명의 어머니 역할을 하는 사람에 의해 돌봐주는 관심이 필요하다는 것을 알았다.

예방검진과 발달진단

1971년부터 독일에서는 세계적으로 알려진 아동기 예방검사의 모범적인 제도가 구축되었다. 두 번째 의료보험의 신 법규에서는 의료보험에 가입되어 있는 모든 아동들은 네 살까지 일곱 번의 예방검진을 받을 권리가 있음을 규정하고 있다.

의사들과 의료보험 대표자들은 연방위원회에서 의사들과 의료보험회사들을 위한 각각의 예방검진과 검진프로그램을 만들었다. 여기에는 의사가 각각의 검진에서 유의할 사항을 규정하고 있다. 이 검진은 아동에게 질병을 가진 것으로 의심되는 부분을 찾아 집중적인 진단을 하고 또 이 진단에 따라 만약에 질병이 있다는 것이 입증된다면 그에 따르는 적절한 치료를 제공하려는데 그 의의가 있다. 여기서 언급된 질병은 발달지체나 또는 발달장애를 포함하는 발달질환을 말한다.

의사는 다양한 예방검진에서 아동의 발달상태가 정상적인지 혹은 이상이 있는지를 진단해야만 한다. 이러한 접근 방향은 아동발달에 있어서 다만 일시적인 진단에 불과하므로, 의사가 짧은 예방검진 동안에 아동의 발달을 평가하기에는 어려움이 따른다. 그러기에 의사는 적어도 어머니들의 진술을 필요로 한다. 어머니가 의사에게 적절한 정보를 줄 수 있기 위해서는, 자녀의 발달에 대해서 상세하게 알아야만 한다.

어머니는 자신의 아기와 밤낮으로 함께 하고 있으므로, 자신의 아기가 어떤 특정한 기능에 있어 지체를 보이고 있는지 혹은 아닌지를 조기에 인식할 수 있는 사람이다. 어머니는 조기에 성공적인 치료의 열쇠를 쥐고 있으며, 또한 자녀와의 하루 일상과정에서 얻어진 경험들을 의사나, 심리학자, 치료자에게 가장 잘 전달할 수 있는 사람이다.

기능적 발달진단법

이 책은 어머니들이 자신의 자녀가 발달장애의 가능성이 있는지 혹은 장애를 가지고 있는지 또는 자녀 발달의 지체 정도에 대해 명확하게 판단하도록 하기위한 것은 아니다. 자녀의 발달에 있어서 이상이 의심되는 즉시 의사로부터 자세한 검진을 받아야 한다. 이에 관해서 지난 몇 년 간 페히슈타인(Pechstein)과 공동으로 뮌헨대학의 사회소아과 및 청소년과에서는 새로운 검사과정을 만들었고, 이것은 현재 ≪기능적 발달진단법≫이란 이름 하에 소아과 의사와 아동심리학자들에게 제공되어졌다.

이 ≪기능적 발달 진단법≫은 8가지 중요한 기능의 발달을 측정하는 것이다.

기기연령	기는 발달의 상태
앉기연령	앉는 발달의 상태
걷기연령	서는 것과 걷는 발달의 상태
잡기연령	잡기와 손 숙달 발달의 상태
지각연령	감각인지와 이해능력 발달의 상태
언어연령	발음표현 내지 말하기 발달의 상태
언어이해 연령	언어이해 발달의 상태
사회연령	사회적 행동 발달의 상태

이 ≪기능적 발달진단법≫은 의학적-심리학적 진단이다. 지금까지 알려진 신생아진단의 심리학적 방법과는 그 결과가 지능지수나 발달지수로 요약되지 않는다는 점에서 구별된다.

지능지수가 얼마나 높은가 하는 것은 치료함에 있어서 별 의미가 없다. 이는 지능지수가 발달에 관련되어 있다 하더라도, 치료되는 것이 아니기 때문이다. 의사의 치료를 위해 결정적인 것은 특정한 기능의 발달상태를 진단하여, 이에 해당하는 기능적 발달치료를 위해 결과를 이끌어 내는 것이다.

때문에 지능진단이나 발달진단에 반하여 우리는 ≪기능적 발달진단≫ 가운데서 ≪정상적 발달≫이란 개념을 발달이 빠른 아기에서부터 출발이 느린 아기에 이르는 정상발달의 모든 영역을 기술하는 것이 아니다. 의료적 관점에서 보면 어머니들에게 그들 아기의 발달이 아주 빨리 진행되고 있는 것이라고 말할 수 있기보다는 차라리 어떤 이유들 때문에 그들의 발달이 계속 지체되고 있는지를 찾아내어야만 한다.

일찍 기고, 앉고, 걷고 그리고 잡을 수 있는 아기들, 정상적으로 말을 배울 수 있는 아기들 또 어른들과 다른 아기들과의 관계를 가지는데 전혀 어려움들이 없는 아기들에게는 치료가 필요하지 않다. 이에 반해서, 발달지체를 가진 아기들은 가능한 조기에 치료를 하는 것이 시급하게 요구된다.

이 책은 뮌헨대학교의 사회소아의학, 청소년의학연구소의 학자들과 텔레비전방송국 전문가들과의 공동작업으로 신생아를 가진 부모들을 위해서 쓰여 졌으며, 신생아의 생후 1년간의 전형적인 발달단계를 확립했고, 이는 부모들로 하여금 아기의 발달에 관련된 방향설정에 이해를 돕고자 하는데 목적이 있다.

우리는 그 동안 지식이 없어 발달의 지체들에 대한 의혹을 충분히 일찍 발견하지 못했던 증상들을 찾아, 이를 가진 많은 어린이들에게 도와 줄 수 있기를 희망한다.

우리는 모든 부모들에게 이 책과 함께 그들 자녀들의 중요한 기능들이 정상적으로 좋게 발달하고 있다는 확신을 가짐으로써 기쁨을 갖게 되기를 바란다. 또 부모들은 이 책의 마지막 장에서 자녀들의 발달자료들을 확신할 수 있는 기회를 갖게 될 것이다. 이에 상응하는 안내들을 첨부했다.

≪신생아 훈련 프로그램≫

여러분이 항상 아기를 관찰하고 아기에게 애정을 주게 되면, 이것은 아기발달에는 이상적인 촉진제가 된다. 물론 부모, 특히 어머니와의 애정적인 상호작용은 대단한 효과가 있으므로 특별한 ≪신생아 훈련 프로그램≫은 필요가 없다.

아동의 지적발달을 우선적으로 촉진시키려고 시도하거나 접근하는 조기교육 프로그램은 큰 의미가 없다. 이에 반해서 어머니(또는 대리모)가 아동의 전인적인 발달을 위해 접근하는 정서적 및 사회적 상호 밀접한 관계는 대단히 중대한 역할을 한다.

신생아들과 영아들의 결정적인 사회성 발달의 전제조건은 동일한 양육자와 하루 중 5~6시간 정도 집중적으로 상호 밀접한 관계를 형성해야 하는 것이며, 또한 주변 환경이 가능한 한 바뀌지 않아야 한다는 것이다.

초기 아동기에 어머니와의 관계가 자주 바뀐다면, 이는 사회성 발달뿐 아니라, 언어와 전체 놀이 상황 및 성취능력행동에도 피해를 준다. 여기서 말하는 양육자가 바뀐다는 것은 주변 환경변화를 의미한다. 주변 환경의 변화는 일반적으로 신생아와 영아들에게서 행동장애나 발달지체로 나타난다.

아직 산업화되지 않은 저개발 국가에서 찾아볼 수 있는 어머니와 신생아의 밀접한 관계는 산업화된 국가들에서의 신생아보다 아동발달 측면에서 우수한 것으로 나타난 사례는, 신생아의 발달에 있어서 건강에 필요한 모든 것을 자연스럽게 주어 충족시키기 때문이다.

월령별로 본 아기의 능력과 행동

이 장(章)에서는 출생 이후부터 생후 1년까지 각 기능에 비추어 본 신생아와 영아를 여러분께 소개하고자 한다. 많은 사진과 스케치들을 통해 개월에 따른 새로운 능력이 어떻게 발달하는가를 여러분께 보여 주려고 한다. 보다 쉽게 방향 잡을 수 있도록 도식을 정리하였다:

기기, 앉기, 걷기, 잡기, 지각(지각 및 파악능력), 사회적 행동, 그리고 언어발달

월령별로 나누어 제시한 것은 여러분들의 자녀 발달이 연령에 맞게 정상적인 발달을 하고 있는지의 판단을 쉽게 할 수 있게 하기 위함이다. 그러나 여기서 제시된 내용은 다만 통계적인 평균에 따른 것이므로, 각 개별적인 아기에게 절대적으로 적용된다고 할 수는 없다. 여러분의 아기가 특정한 기능에서 평균보다 지체되어 있다는 느낌을 갖는다면, 이 책의 부록을 보면 도움이 될 것이다. 거기서 여러분은 언제 소아과 의사를 방문해야 할 것인가에 대한 안내를 받게 될 것이다.

신생아

기기

구부린 자세

일반적으로 구부린 자세는 신생아에게 전형적인 것이다. 손가락으로부터 발가락에 이르기까지 모든 사지는 굽혀져 있으며 머리는 한쪽으로 향해 있다. 자궁 속에서 태아는 자리를 적게 차지하는 자세로 있어야만 했다. 수개월 동안 긴장도가 높았던 구부린 근육들은 출생 후에도 수 주 동안 지속된다.

반사적 기기 운동

깨어 있을 때 건강한 신생아는 대부분 가만히 있지 않고, 세차게 움직인다. 신생아는 배 쪽으로 발을 번갈아 가며 뻗고 팔을 얼굴 앞으로 가까이 가져온다. 발바닥을 가볍게 누르면, 신생아는 깔개(예 : 기저귀 갈이 대 위에 깔아 놓은 수건)를 치면서 마음 내키는 대로 앞 쪽으로 밀친다.

신생아는 1개월 동안은 균형을 잡지 못하고 흔들거리면서 짧은 순간에 머리를 위로 들어올리고, 또한 힘들게 애를 써서 다른 쪽으로 머리를 돌린다.

구부린 자세

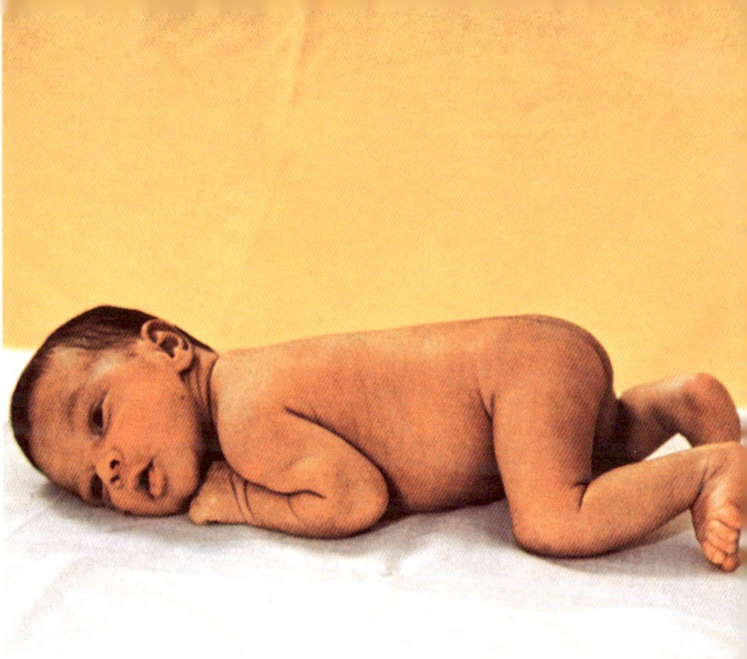

반사적 기기 운동

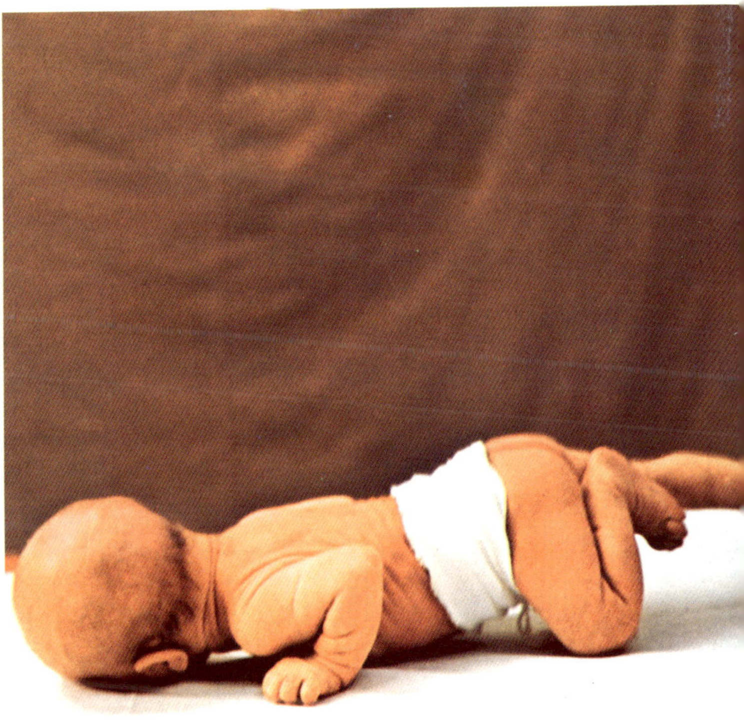

앉기

머리는 옆으로 향해 있다

신생아는 아직 앉을 수가 없다. 아직 머리도 전혀 똑바로 세울 수도 없다. 누워 있을 때 머리는 중앙에 두지 않고 계속 이쪽 저 쪽으로 기울어진다.

걷기

자동적 걷기 운동

생후 첫 주에 아기는 흥미 있는 반사를 보이는데, 이 반사는 발바닥을 건드렸을 때 건드린 다리를 뻗치면서 동시에 다른 쪽 다리를 구부리는 것이다. 아기를 고정시켜 놓은 깔개 위에 똑바로 서게 해서, 움직임을 보면 대각선으로 걷는 것을 볼 수 있다.(이 반사는 임의로 걷는 것의 계속적인 발달을 위해 서너 주 후에는 사라져 버린다).

머리는 옆으로
향해 있다

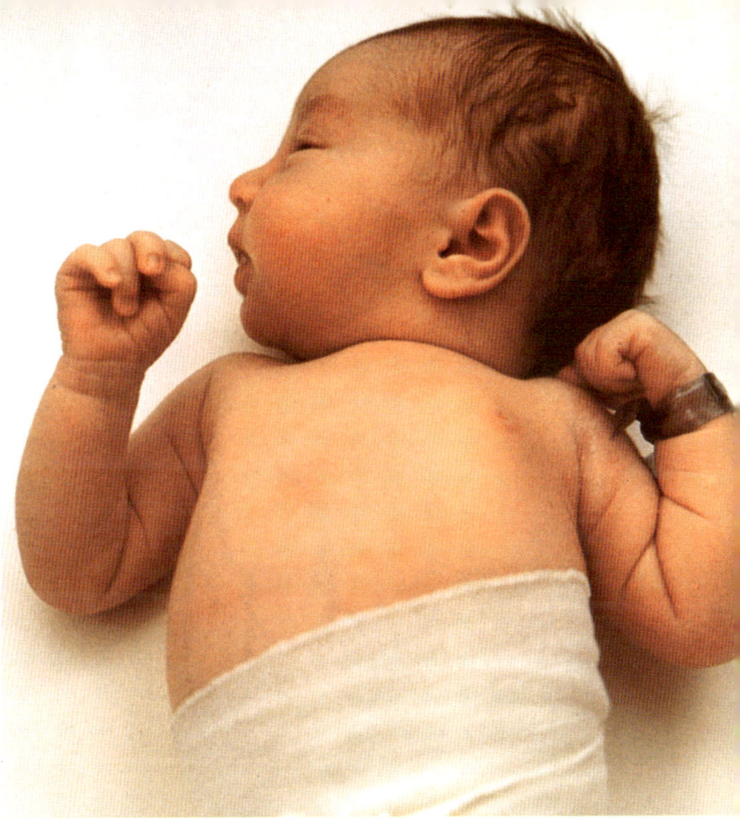

자동직 긷기
운동

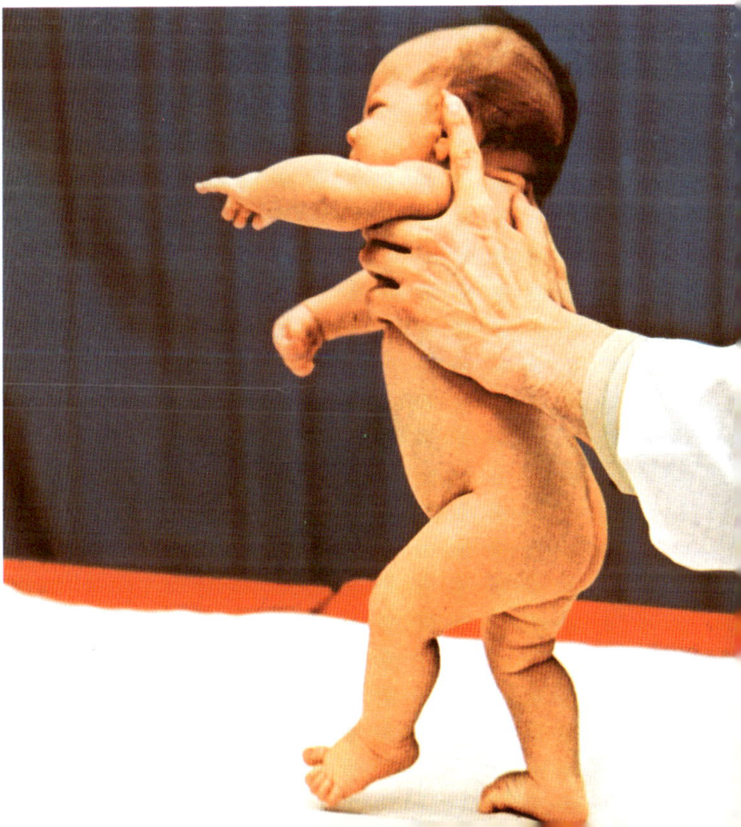

잡기

손의 파악 반사

기기나 걷기와 마찬가지로 잡기 역시 순수한 반사인 것이다. 손바닥을 무엇으로 건드리면, 엄지손가락과 다른 손가락들을 재빨리 주먹으로 쥐고 몇 초 동안은 손바닥으로 누른다. 엄지손가락으로 꽉 쥔 손의 부분은 일반적으로 깨어 있을 때의 건강한 신생아의 굴곡자세이다.

지각

강한 빛이나 소리에 반응한다

신생아는 강한 빛이나 소리에 대해서 반응하기 시작한다.

이마를 찌푸리고, 눈을 깜빡거리며 손을 뻗치는 소위 놀란 행동반응을 나타내거나 소리를 지르기도 한다. 이미 기술한 하나의 반응만 가지고도 증명할 수 있다. 즉 신생아와 영아는 감각기관을 통해서 강한 빛과 강한 소리를 지각할 수 있는 것이다.

손의 파악
반사

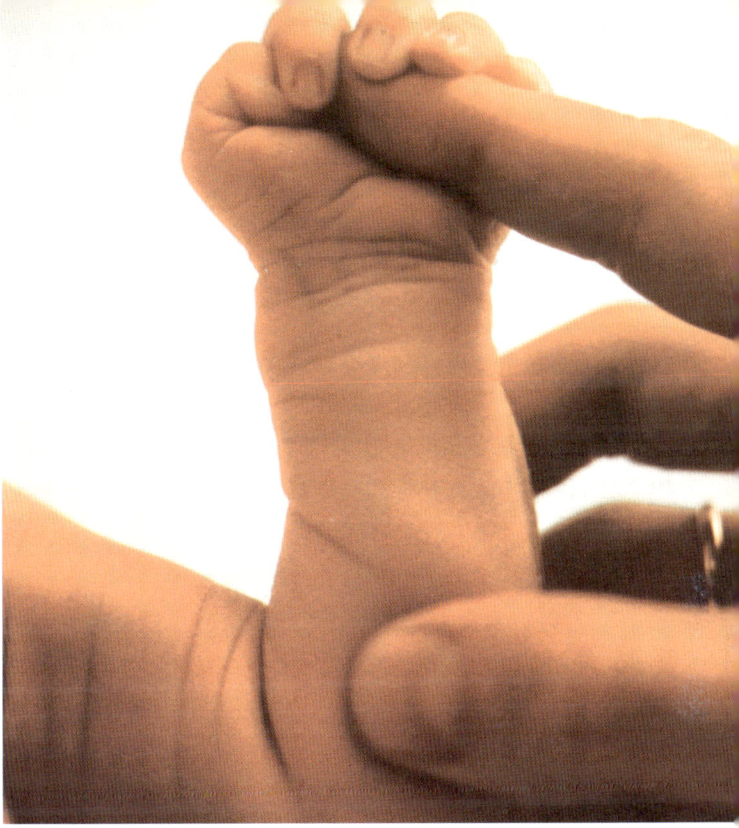

강한 빛이나
소리에
반응한다

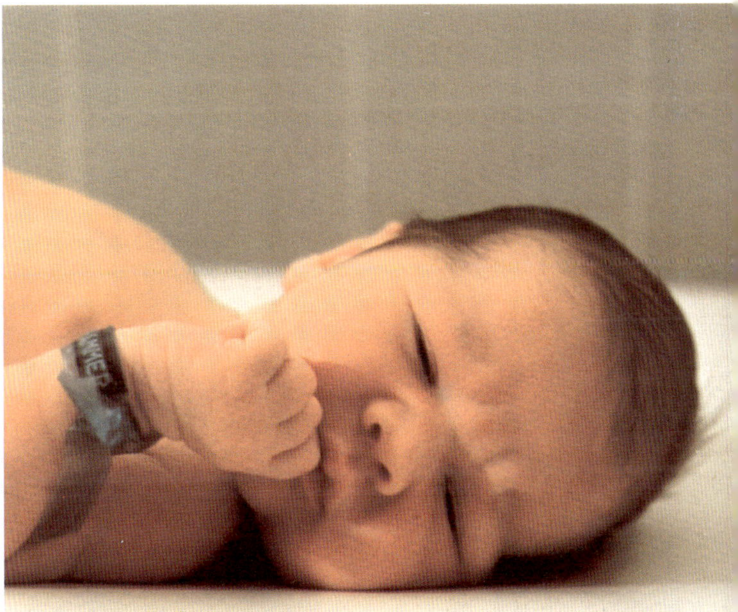

사회적 행동

아기는 피부를 통해서 환경과 최초의 접촉을 갖게 된다. 아기는 피부를 통해서 외부세계에 대한 최초의 중요한 인상들을 갖게 된다는 것이다. : 따뜻함과 차가움, 부드러움과 딱딱함. 건강한 신생아는 어머니 품에 안기는 순간부터 따뜻한 피부와의 접촉을 통해서 안정된다. 아기가 안정을 찾지 못할 때는, 배고픔이나 아프다는 표시가 될 수 있다.

피부접촉은 특히 수유 때 집중적으로 일어난다. 독일어로 수유(Stillen)의 개념은 어머니 젖가슴의 따뜻하고도 부드러운 피부의 제공은 불안한 아기를 진정시킬 수 있다는 것을 표현하는 것이다. 이와 같이 수유는 신생아에게 처음으로 다른 사람들과의 관계 속에서 기본적인 긍정적 경험들을 중재한다.

음성표현

이상하게 들릴지 모르지만, 인간의 언어발달은 힘차게 소리를 지름으로써 시작된다. 건강한 신생아는 모든 불쾌한 감정에 대해서 큰소리로 그리고 무엇보다도 미분화된 소리로 반응한다.

1개월

기기

머리를 잠시 위로 든다

아기를 엎드려놓고 - 이미 이러한 신체의 위치를 기초로 해서 - 머리를 처들도록 자극을 준다. 첫째 주에는 대개 머리를 한쪽으로 비스듬하게 적어도 3초가량 들어 올릴 수 있게 된다. 머리는 흔들거리며 가운데 중심을 넘어서 이 쪽에서 저 쪽으로 움직이다가 되돌아온다. 이때 신생아는 그의 머리를 쉬게 하려고 항상 다시 깔개 위에 놓는다.

앉기

앉히려고 들어 올릴때 머리는 뒤로 넘어간다

목 근육은 무거운 머리를 지탱할 수 있기에는 아직 너무 약하다. 머리의 자세를 똑바로 조정해야할 신경통로의 부분은 아직 발달이 미숙하다. 그러나 몸통과 사지는 적당한 긴장을 나타낸다. 이는 아기에게 병적인 나태함이 없다는 증거이다 (덧붙이자면 : 안드레아(Andrea)는 촬영할 때 자지 않았고, 단지 처음에는 별 반응이 없었다.)

머리를 잠시
위로 든다

앉히려고 들어
올릴 때 머리는
뒤로 넘어간다

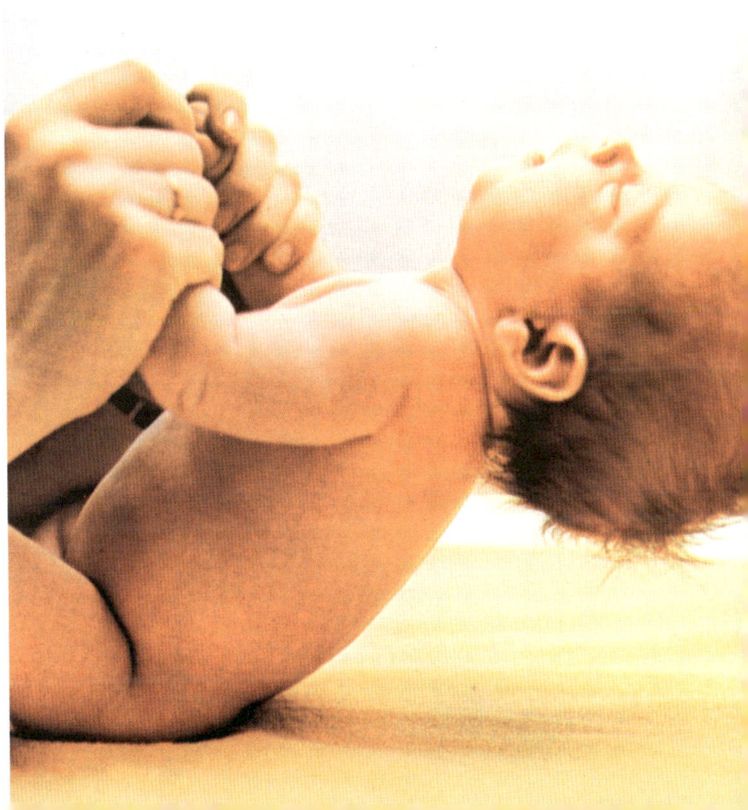

앉기

머리를 앞으로 잠깐 치켜든다

신생아를 앉히려고 들어올리면 머리가 앞으로 기울어진다. 몸통을 바로 세우면 그러면 신생아는 비록 1,2초에 불과하지만 머리를 치켜들 수 있다. 그렇지만 이것을 매일같이 ≪연습≫ 시켜서는 안된다. 왜냐하면 그 이유는 아기가 이렇게 불편하게 앉은 자세에서는 호흡하기 힘들기 때문이다.

아기를 눕혔을 때 좀 다른 점을 관찰할 수 있다. 머리가 항상 다시 똑바로 한가운데에 머물러 있고, 한 가운데서 더 이상 계속해서 옆쪽으로 넘어가지 않는다. 몇 주가 지나면 신생아는 이미 10초 이상 동안 얼굴을 앞으로 향하게 할 수 있다.

걷기

반사적 지지반응(Stützreaktion)

신생아의 발바닥을 바닥에 닿게 하고 수직으로 세우면 다리를 펴게 된다. 흔히 이렇게 펴는 것은 몸통과 목 부분으로 계속되어 머리역시 잠깐 똑바로 세우게 된다. 이러한 반응은 신생아와 영아의 여러 다른 반사행동들처럼 아직은 자동적이다.

머리를 앞으로
잠깐 치켜든다

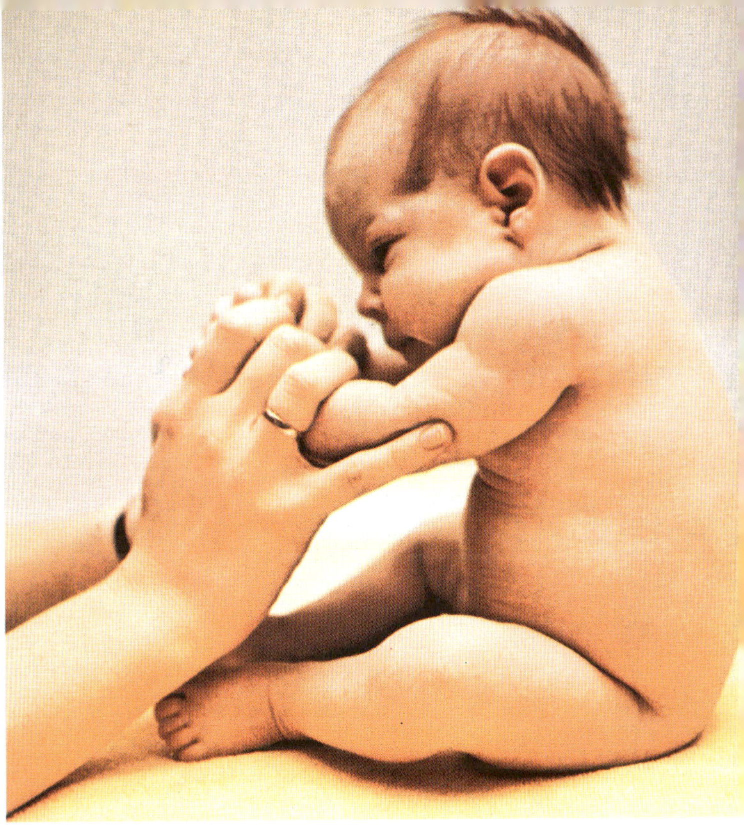

반사적
지지반응

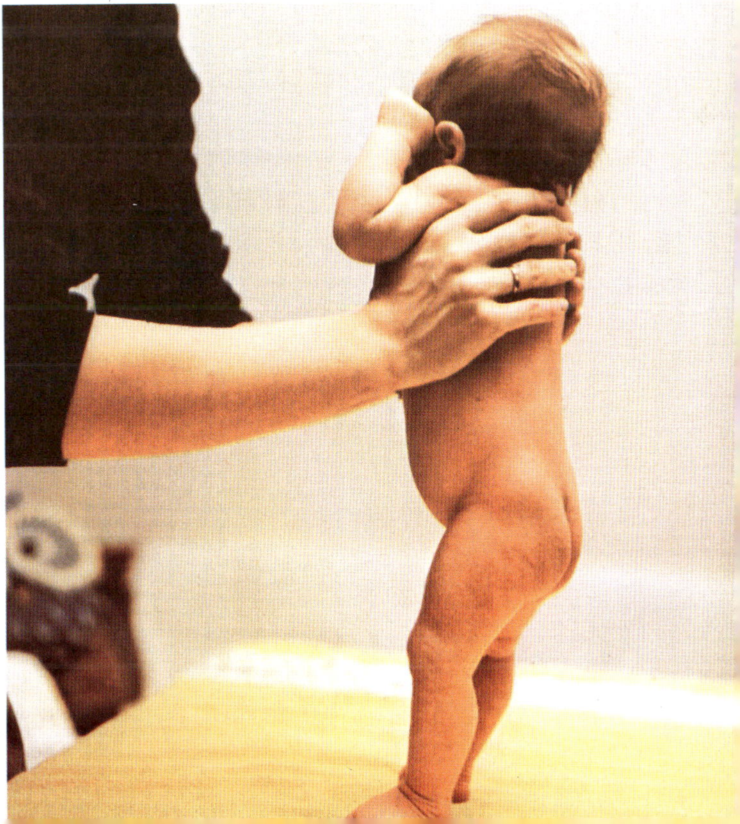

잡기

잡기 발달에서 생후 1개월까지는 새로운 행동이 많지 않다. 잡기 반사는 계속되어 손은 아직도 거의 주먹을 쥔 채로 있다.

지각

응시하기

신생아의 눈에서 약 20센티미터 거리를 두고 빨간 딸랑이를 보이면 시선은 그 쪽으로 향한다. 아기가 어떤 것을 똑바로 본다면, 이를 ≪응시한다≫라고 말한다. 이러한 것을 대부분 신생아들이 할 수 있으나, 오식 한순간에 불과하다. 아기가 정말로 눈을 고정시키는지를 확인하기 위해서 딸랑이를 한쪽에서 다른 쪽으로 아주 천천히 움직인다. 만일 아기가 딸랑이를 따라 눈을 가운데의 위치에서 약 45° 옆으로 돌린다면, 아기가 이미 시각적으로 단지 밝은 것과 어두운 것만을 지각하는 것이 아니고, 그 이상의 것을 지각할 수 있다는 것을 확신할 수 있다. 이러한 관찰은 첫 번에 성공하기는 힘들다. 일반적으로 몇 번에 걸친 참을성 있는 시도가 필요하다.

응시하기

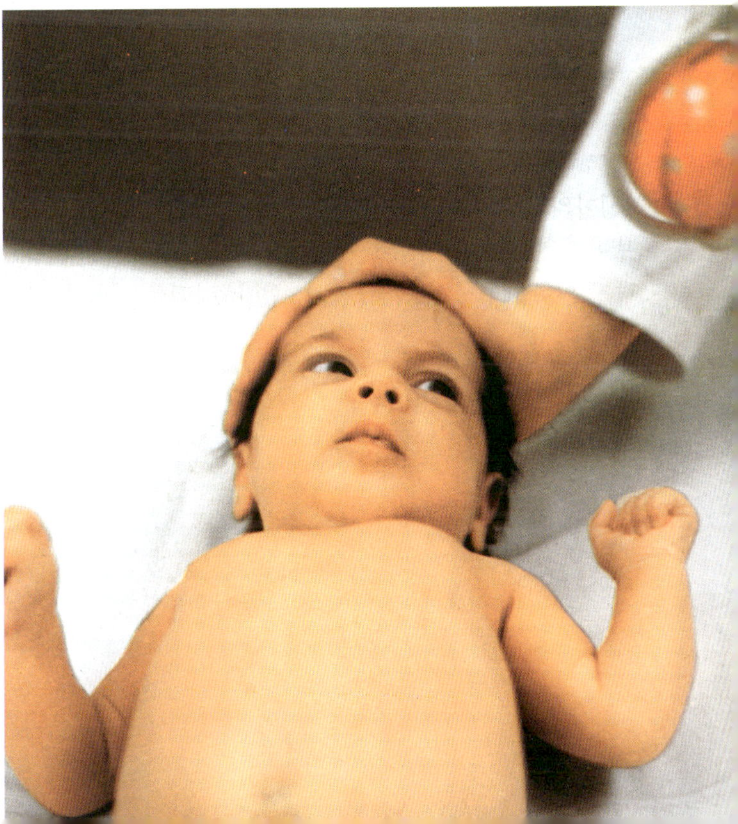

사회적 행동

수유

수유를 하는 동안에 아기의 얼굴은 직접 어머니의 몸 쪽으로 향하게 된다. 아기는 계속해서 어머니 얼굴을 응시하며, 따스한 피부의 접촉과 사랑에 가득 찬 시선을 통하여 더욱 충만하여 진다. 이러한 조화로운 관계 속에서 어머니는 온전히 자기 아기와 하나가 되어야 하며 또한 아무것으로부터 방해받아서도 안 된다. 만약 모유를 수유하지 못하는 어머니들이라도 이러한 방법으로 그들의 아기에게 안전감과 사랑의 감정을 전달할 수 있다.

안아주면 진정된다

이미 신생아들에서 기술했던 바와 같이 건강한 아기는 어머니의 팔에 안겨서 체온을 느끼는 순간 진정된다. 다만 심하게 불쾌한 자극들(배고픔, 배앓이, 병 등)이 있을 때는 지속적인 만족을 얻을 수가 없다.

수유

안아주면
진정된다

음성표현

울기

생후 몇 주가 지나면 이미 우는 소리에서 어느 정도 구별을 할 수 있다. 배고픔이나 아픔(대개는 복통이지만)은 격렬하게 소리 내어 멈추지 않고 우는 반면에, 졸릴 때는 부드럽고 느리면서 투정을 부리는 것처럼 들린다. 처음 아기를 키우는 어머니는 흔히 이러한 차이를 두 달째가 되어야만 비로소 명확하게 알 수 있다.

2개월

기기

머리를 적어도 45°로 들어 올린다

이 때는 벌써 머리를 가운데서 높이 들어올릴 수 있다. 이런 자세로 10초 이상 버틸 수 있다. 이 때에도 머리는 아직 양쪽으로 흔들린다. 얼굴과 바닥은 약 45°의 각도를 이룬다.

앉기

앉아서 취하는 머리의 자세는 1개월 때보다 약간 발달했다. 신생아는 이미 적어도 5초 동안은 머리의 균형을 잡아서 똑바로 세울 수 있다.

걷기

걷기발달에 있어서 생후 2개월째는 과도기이다. 다리의 반사적 지지반응과 자동 걷기운동은 차차 사라진다. 즉 이러한 반응들은 더 이상 규칙적으로 나타나지 않는다.

머리를 적어도
45°로 들어
올린다

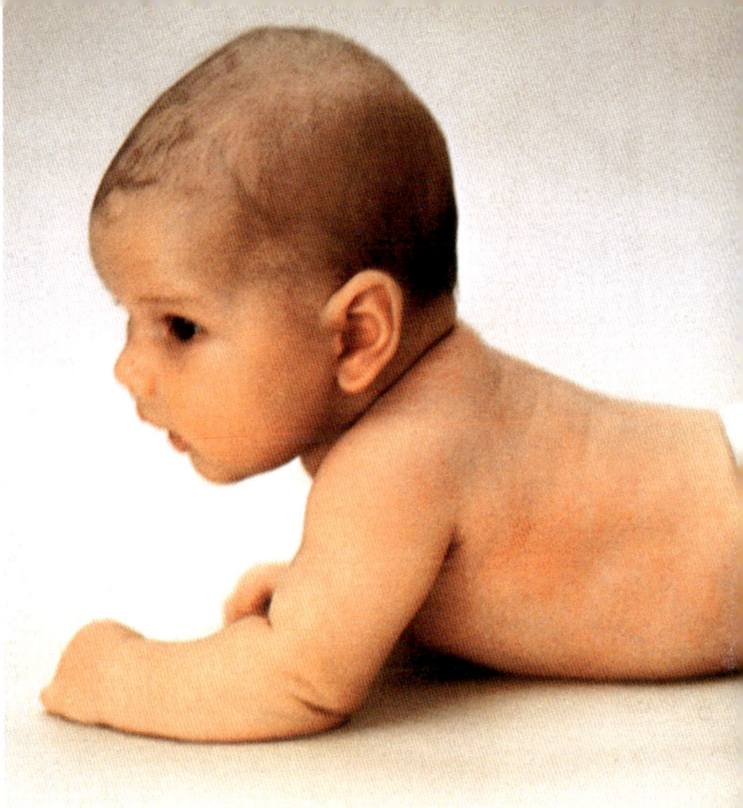

쥐기

양손을 자주 쉽게 펼 수 있다

신생아기에서 기술했던 바와 같이 일반적으로 굽히는 자세는 2개월 때 급속하게 줄어든다. 예를 들면 이것은 손을 꼭 쥔 자세가 이 시기에서는 손을 살짝 펴진 상태로 달라지며, 점차적으로 손을 펴고 있는 시간이 길어진다.

지각

종소리에 맞추어 반응한다

소리와 소음에 대한 반응은 구별되어진다. 예를 들면 아기의 가까운 곳에서 종소리를 들려주면, 아기는 더 이상 눈을 깜빡거리거나 놀래지 않는다. 이러한 아기의 행동은 일종의 경청을 나타낸다. 즉 아기는 일순간을 위해 시선 또는 움직임을 멈춘다.

양손을 자주
쉽게 펼 수
있다

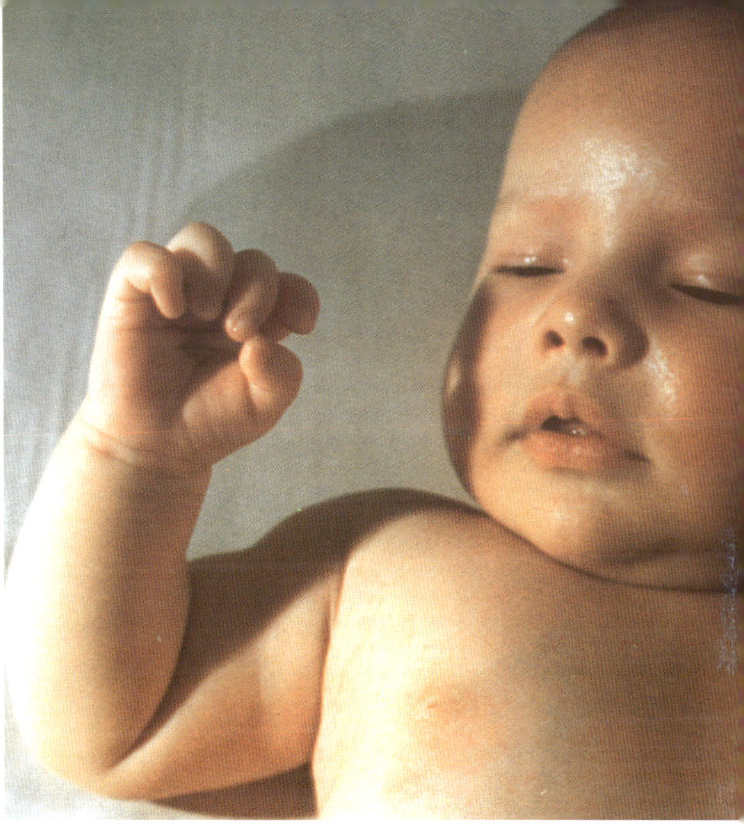

종소리에
맞추어
반응한다

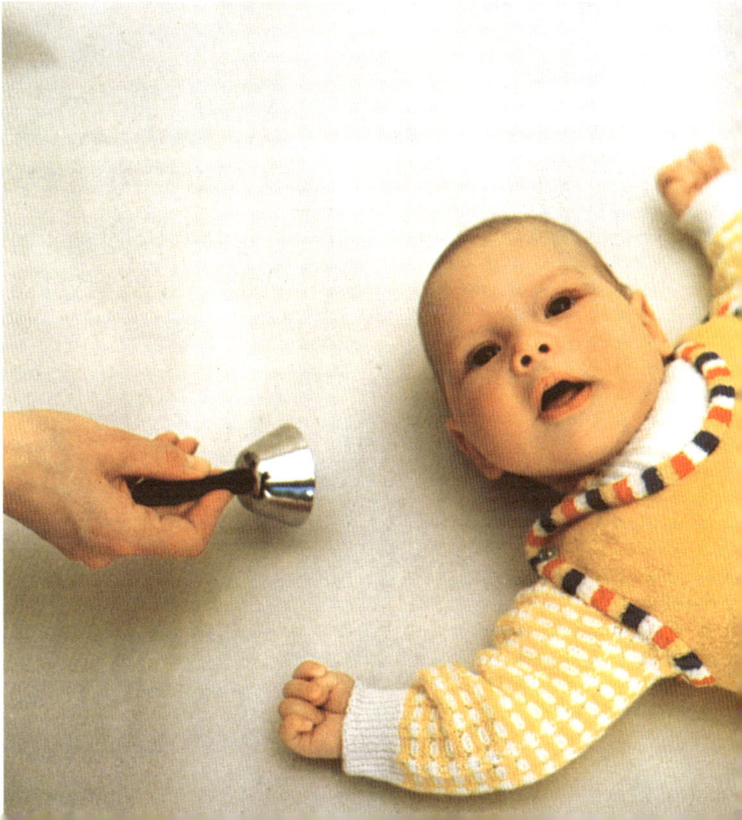

사회적 행동

최초의 미소

이는 생후 2개월 때의 가장 훌륭한 체험이다.

어머니는 아기를 향해 몸을 굽히고 머리를 천천히 숙이면서 아기에게 사랑스럽게 말을 한다. 아기는 어머니를 알아볼 수 있는 날까지 먼저 이 모든 것을 주의 깊게 관찰한다. 아기의 입가와 표정은 조심스럽게 움직여져 첫 미소를 짓게 된다. - 이러한 어머니와 아기상호간 최초의 사랑의 응답과 새롭고 예기치 못한 충동은 내적인 애정을 준다.

(소위 신생아에게서 볼 수 있는 ≪천사의 미소≫라고 일컬어지는 현상은 아직은 전적으로 우연한 것이다. 왜냐하면 신생아에게는 바로 이러한 사회적 요소가 결여되어 있고, 어머니의 관심과는 무관한 것이기 때문이다.)

음성표현

모음소리

생후 2개월째 된 신생아가 가장 먼저 표현하는 모음소리는 ≪아(a)≫나 ≪애(ä)≫소리를 낸다. 이러한 모음들은 가끔 ≪ㅎ(h)≫와 결합된다.

예 : ≪애해(ähä), 해(hä)≫. 아기는 이러한 소리들을 누워서 조금 벌어진 입으로 잠들기 전이나 잠이 깬 후에 소리를 낸다.

최초의 미소

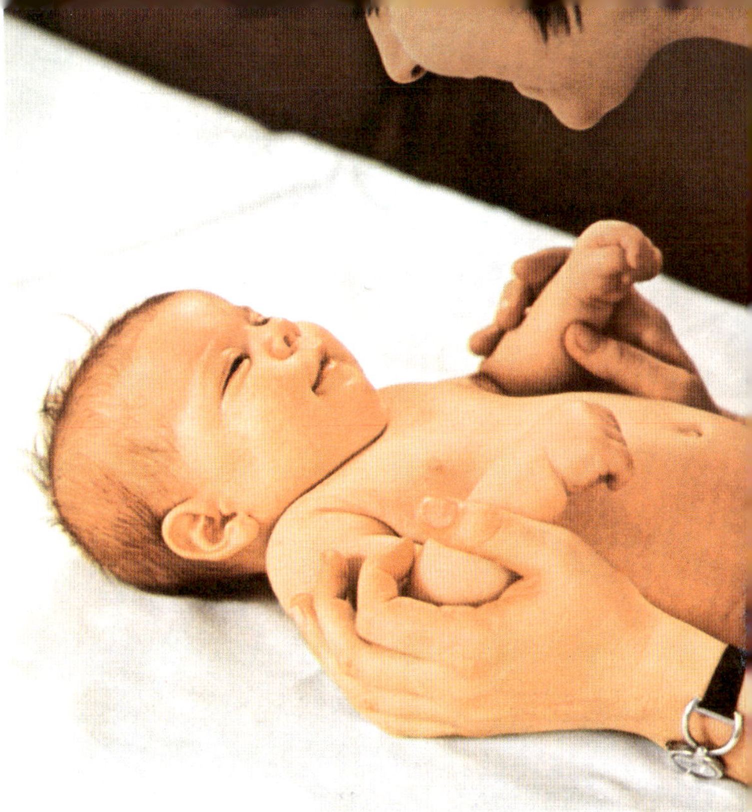

3개월

기기

머리를 1분 동안 들 수 있다

머리를 안전하게 들어 적어도 1분 동안 지탱할 수 있다. 이때 얼굴과 바닥 사이는 90°의 각도까지 될 수 있다. 목과 어깨 및 몸 상체의 등 근육이 점점 더 성장함에 따라서, 신생아는 윗 팔(어깨와 팔꿈치 사이)을 뻗치고 아랫 팔(팔꿈치와 손목 사이)로 몸을 지탱하는 것이 가능하다. 골반은 밑바닥에 거의 평평하게 놓인다.

앉기

앉히려고 들어 올릴 때 머리를 잠깐 치켜든다

앞쪽의 목 근육이 더욱 단단해진다. 머리는 더 이상 뒤로 넘어가지 않고, 적어도 처음 머리를 높이 드는 시기에 잠깐 치켜들 수 있다. 그러나 앉은 자세에서 머리를 들어 올릴 만큼 힘은 충분하지 못하다. 다리는 약간 접혀 있다.

머리를 1분
동안 들 수
있다

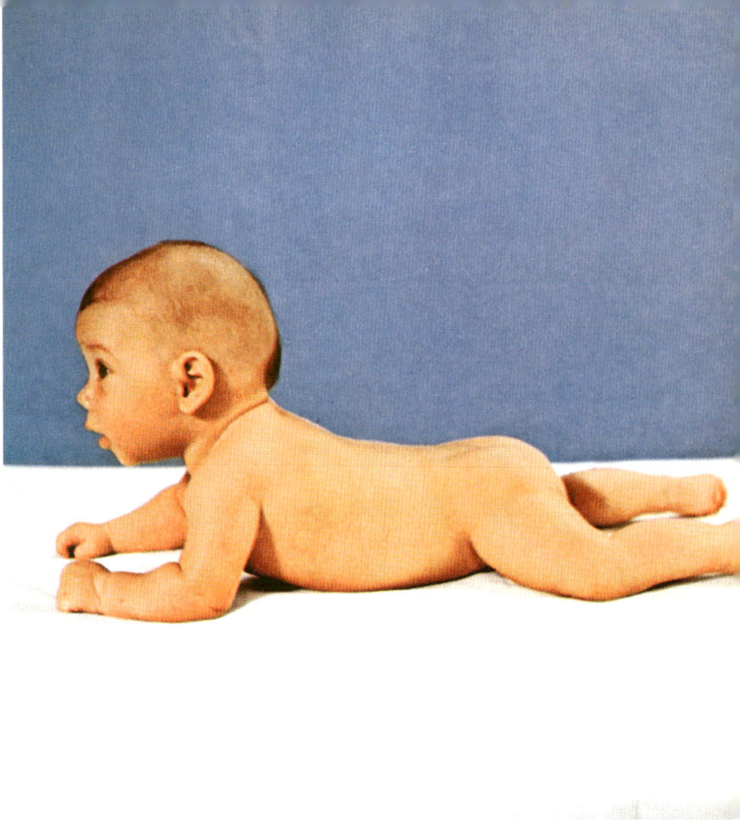

앉히려고
들어 올릴 때
머리를 잠깐
치켜든다

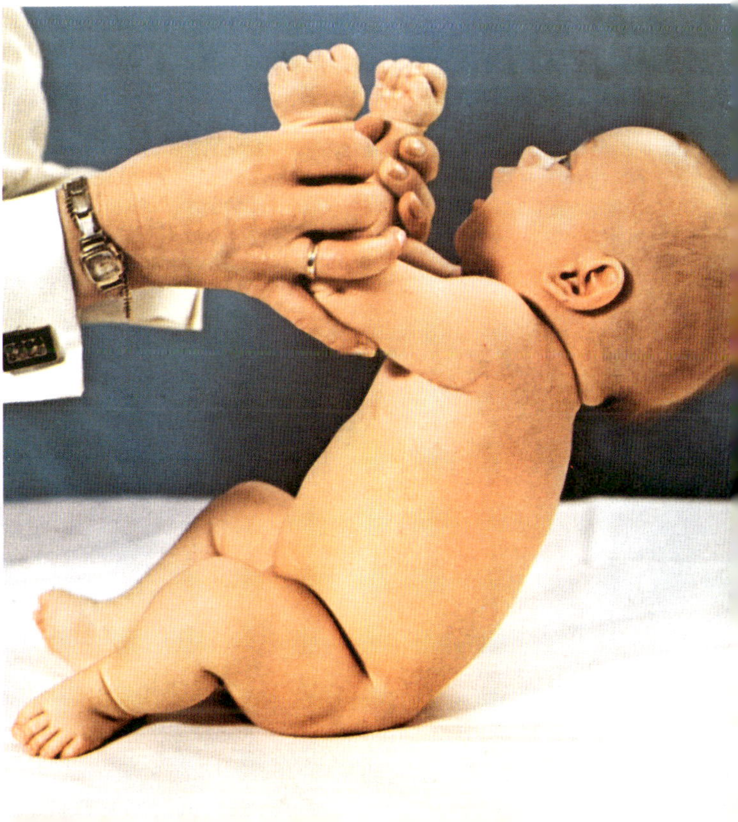

앉기

머리를 30초가량 똑바로 유지할 수 있다

신생아는 3개월 말 즈음이 되면, 앉아서 머리를 적어도 30초 동안은 똑바로 할 수 있다. 이것은 우리가 균형을 잡을 때 알 수 있듯이, 신생아에게 상당히 힘이 드는 일이다. 등은 굽어 있고, 앉아서는 아직 펴지 못한다.

걷기

공중에서 떨어뜨리면 다리를 구부린다

신생아를 떨어뜨릴 때 나타나는 반응과 자동적으로 걸으려고 하는 운동은 없어진다. 아기를 다리로 서게 하려고 하면 다리를 구부린다. 이러한 발달단계는 지속기간이 개인에 따라 매우 차이가 있다. 건강한 발달을 위해 중요한 것은 신생아의 다리를 항상 수직으로 뻗게 하는 것이 아니라(격심한 것일 수도 있지만), 다리를 구부리는 활동도 적극적으로 해야 한다.

머리를
30초가량
똑바로 유지
할 수 있다

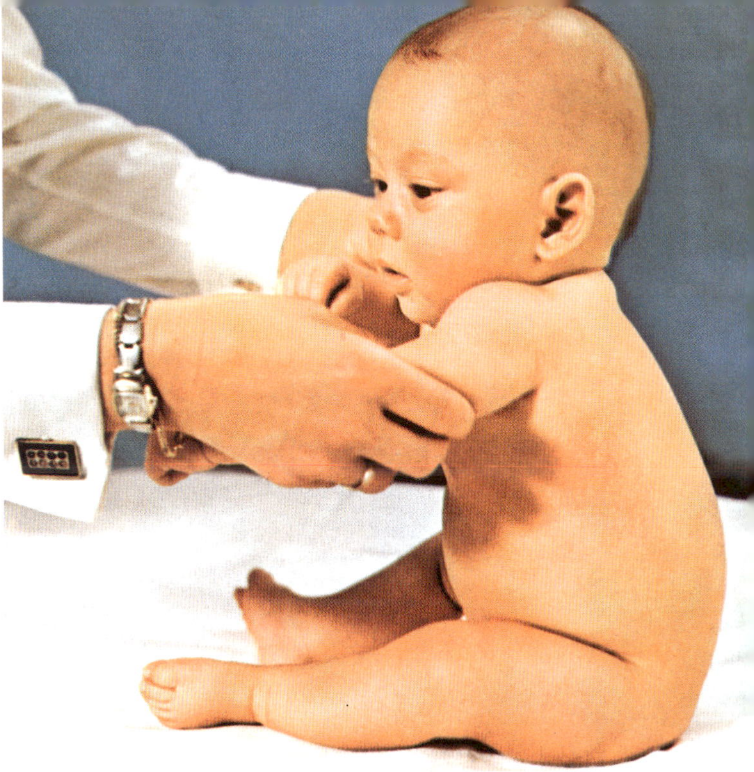

공중에서
떨어뜨리면
다리를
구부린다

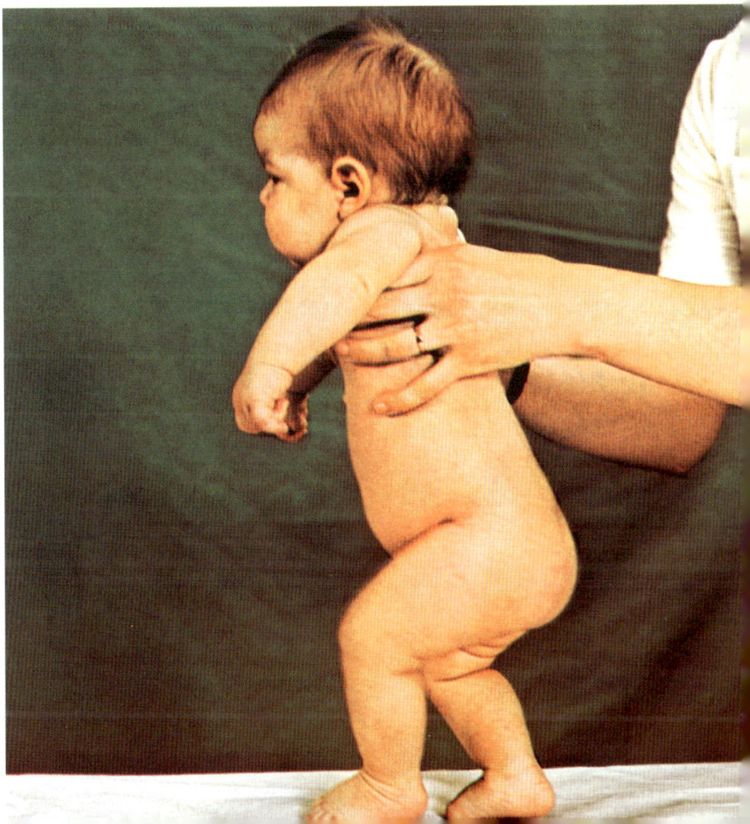

3 개 월

잡기

손에 쥐어준 딸랑이를 흔든다

아기의 손에 딸랑이를 주면, 아기는 그것을 꼭 잡는다. 딸랑이를 소유하고자 애쓴다 : 딸랑이를 입으로 가져가거나, 다른 손으로 잡으려고 한다. 대부분 이런 서투른 시도는 허우적대는 것으로 나타난다.

지각

딸랑이를 눈으로 주시하며, 한쪽 눈에서 다른 쪽 눈의 시선으로 옮겨간다

우리가 이미 1개월 때에 서술했던 바와 같이, 빨간 딸랑이를 아기의 얼굴 앞에서 천천히 한쪽에서 다른 쪽으로 바닥에 닿을 때까지 옮기면, 아기는 눈짓으로 따라간다. 대부분 이럴 경우에는 머리와 함께 돌리지만, 결정적인 것은 눈의 움직임이다.

손에 쥐어준
딸랑이를
흔든다

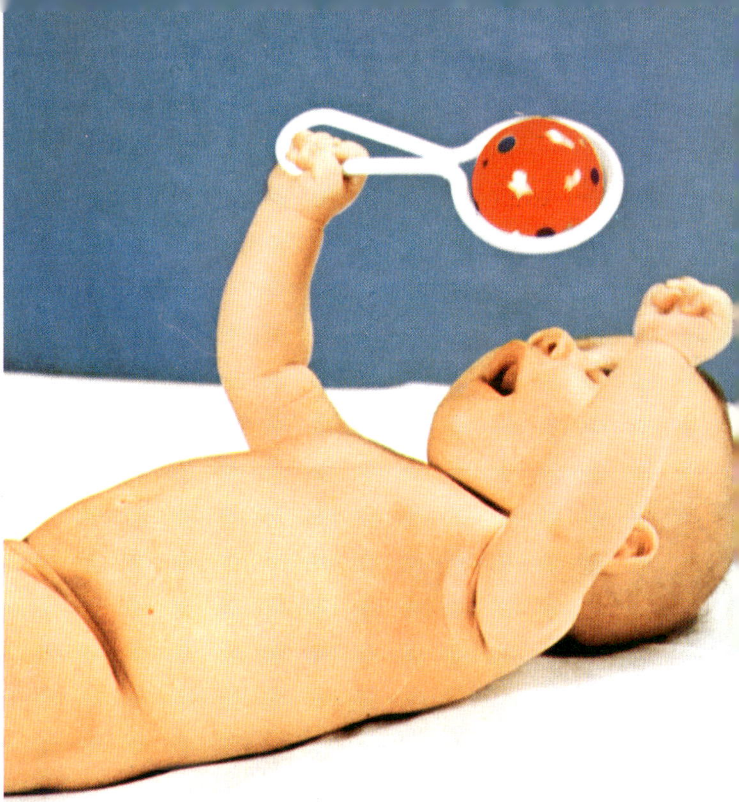

딸랑이를 눈으로
주시하며, 한쪽
눈에서 다른 쪽
눈의 시선으로
옮겨간다

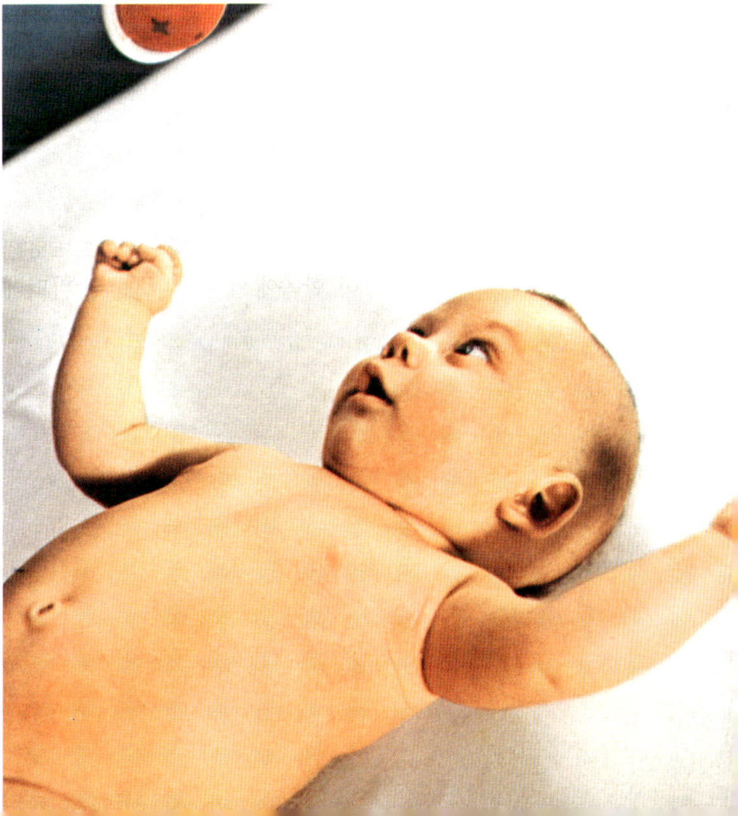

사회적 행동

사회적 미소

이제부터는 미소가 신생아 행동 중에 중요한 요소가 된다. 신생아는 앞에서 움직이는 사람 얼굴을 보며, 대략 6개월까지 미소로 반응을 보인다. 또한 이 시기에는 모든 낯선 얼굴에 대해서도 미소를 보인다. 그러나 사람이 아닌 다른 대상에게는 미소를 보이지 않는다. 이는 미소가 사회적 접촉에서 나타나는 전형적인 인간의 행동양식이기 때문이다.

음성표현

〈ㄹ〉의 연쇄 - 후음

3개월 말경에 이르면 아기는 연속적인 ㄹ-음을 스스로 낸다. 이는 입안에 물을 넣고 소리를 내듯이, 고륵 고륵 울리는 것과 같다. 뿐만 아니라 아기가 누워서 만족할 때 ≪에헤≫나 ≪엑헤≫, ≪에-르헤≫와 같은 후음을 낸다. 주의 깊은 어머니는 아기가 소리를 낼 때, 아직 명확하지는 않지만 최초의 자음 또는 자음결합(예를 들면 ≪즈-즈≫, ≪에즈-게≫, ≪에즈-디≫, ≪웨≫ 등등)을 발견할 수 있다.

사회적 미소

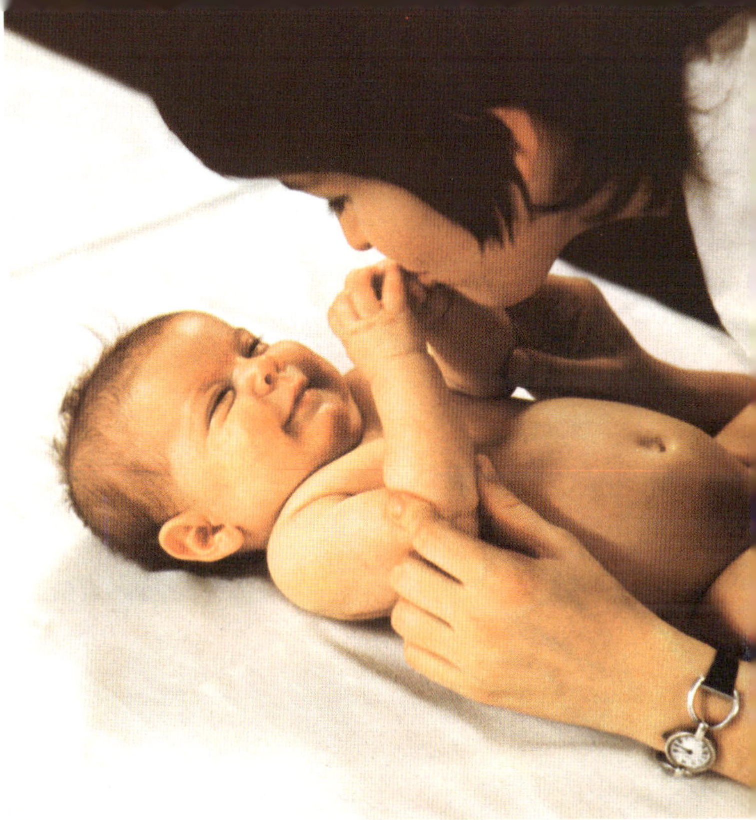

4개월

기기

헤엄치기

아기는 엎드렸을 때 안전한 자세로 팔의 아랫부분으로 버티는 정지된자세에 아직 만족스럽지는 않다. 아기는 이 시기에 보다 튼튼하게 발달되는 모든 근육들을 사용하며, 특히 등 근육과 다리를 뻗치는 근육을 많이 사용한다. 이로 인해 아기는 아래팔로 버티는 자세를 더 이상 취하지 않고, 머리와 가슴과 팔을 높이 들고, 다리를 뻗치듯이 쭉 편다. 어깨들은 뒤로 펴고, 두 팔을 굽히고 손을 편다. 활발하고 격력한 움직임으로 배를 중심으로 몸 전체를 앞뒤로 흔든다.

앉기

앉히려고 높이 들어 올리면 머리를 쳐든다

앉히려고 높이 들어 올리는 동안 척추는 늘어나고 이때 아기는 머리를 대담하게 함께 쳐든다. 아기는 이 움직임의 과정에서 아주 집중한다.

헤엄치기

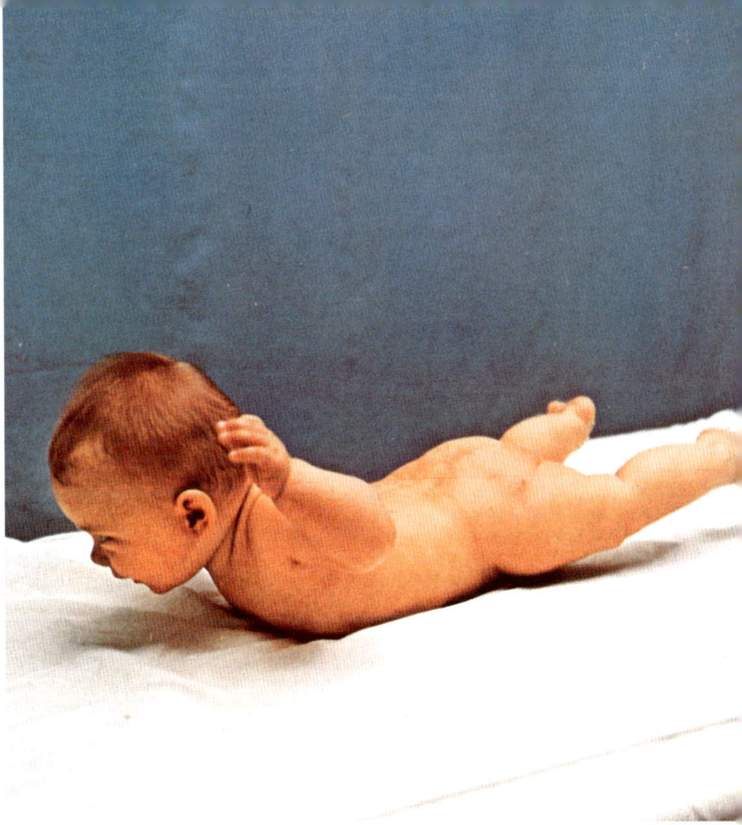

앉히려고 높이
들어올리면
머리를 쳐든다

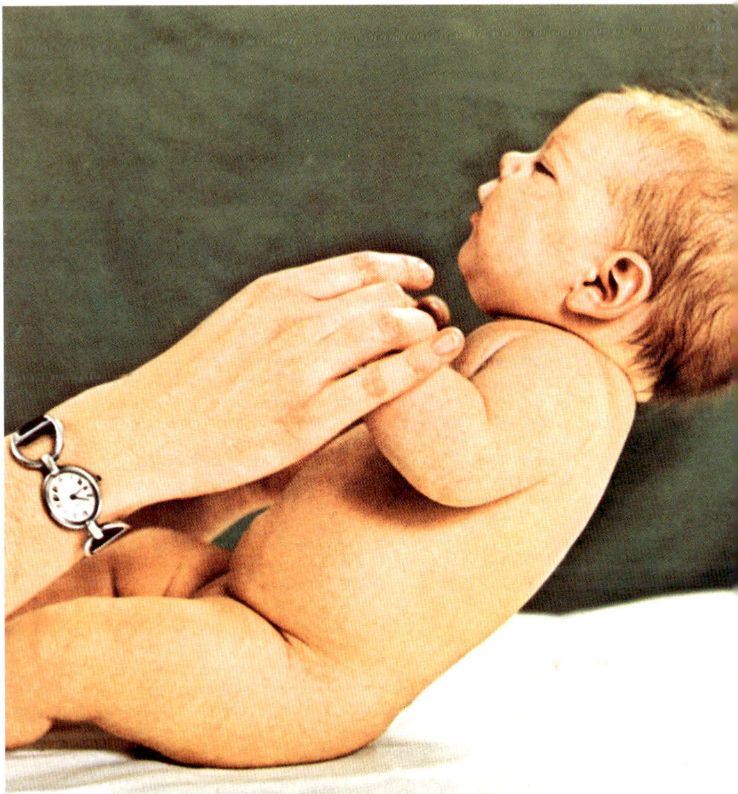

4 개 월

앉기

옆으로 기울일 때 머리를 똑바로 한다

아기를 앉혀서 몸체나 또는 위의 팔을 잡으면, 위 몸체는 옆으로 기울어진다. 머리는 몸이 기울어진 위치에서도 바닥에서 항상 수직으로 향해있다. 이때 예를 들어 부드러운 자극을 준다거나 소리 등으로 머리를 들도록 자극을 줄 수 있다.

걷기

4개월은 걷기 발달에서 근본적으로 큰 변화가 없는 시기이다. 3개월 때 제시한 것처럼 다리는 아직도 구부린 자세로 있다. 그러나 이 자세는 간혹 무릎과 관절(골반까지는 아님)을 짧게 뻗침으로써 중단될 수 있다. 이러한 뻗침은 아기의 체중을 지탱할 수 있기에는 충분하지 못하다. 바로 이 걷기 발달의 단계에서, 중요하지는 않지만, 시간적 지연이 발생할 수 있다는 것을 여기서 강조하고 싶다. 활동적인 아기는 이미 4개월 때에 적극적으로 다리에 의지하기 시작하는데, 이것은 항상 정해진 것은 아니다.

옆으로
기울일 때
머리를
똑바로 한다

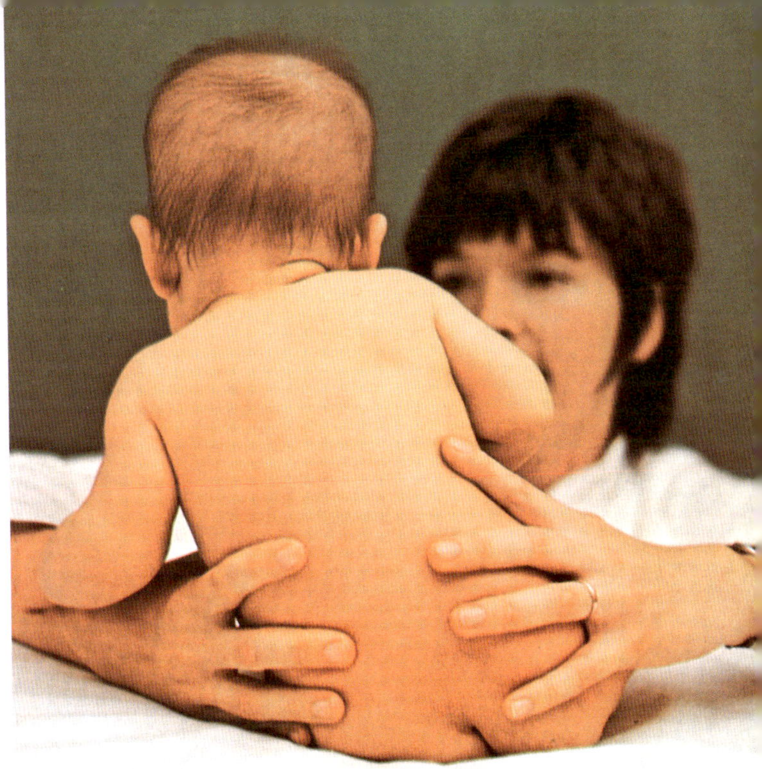

잡기

양손을 서로 가지고 논다

그동안 더욱 주의력이 깊어진 아기는 자신의 두 손이 유용한 장난감이 된다. 아기는 우선 손과 함께 놀이할 수 있음을 발견하게 된다. 아기는 손을 얼굴 앞으로 가져가서 자주 주시하고, 그 다음에 -다소 우연이기는 하지만- 두 손을 함께 모은다. 이 때 유의해야 할 것은 아기가 두 손으로 몸의 중심선에 처음으로 다가선다는 점이다.

잡기와 지각

장난감을 입 속에 넣는다

이때부터는 손을 입으로 가져가는 움직임이 더욱 더 정교해진다. 아기는 손뿐만 아니라, 다른 물건들도 입으로 가져간다. 영아의 경우 ≪이해하는 것≫은 입과 손으로 ≪만짐으로써≫ 지각이 시작된다. 여러 달 동안 지속하여 무엇이든 다 입속에 넣는다. 이러한 운동형태는 신생아가 손을 빠는 것과 같이 우연한 것이 아니라, 모든 기능들의 협응을 위한 사전과정이다.

지각은 손 운동과 밀접한 관계가 있다. 아기는 자신의 손만 발견하는 것이 아니라, 손으로 가지고 만지는 물건들을 관찰한다.

양손을 서로
가지고 논다

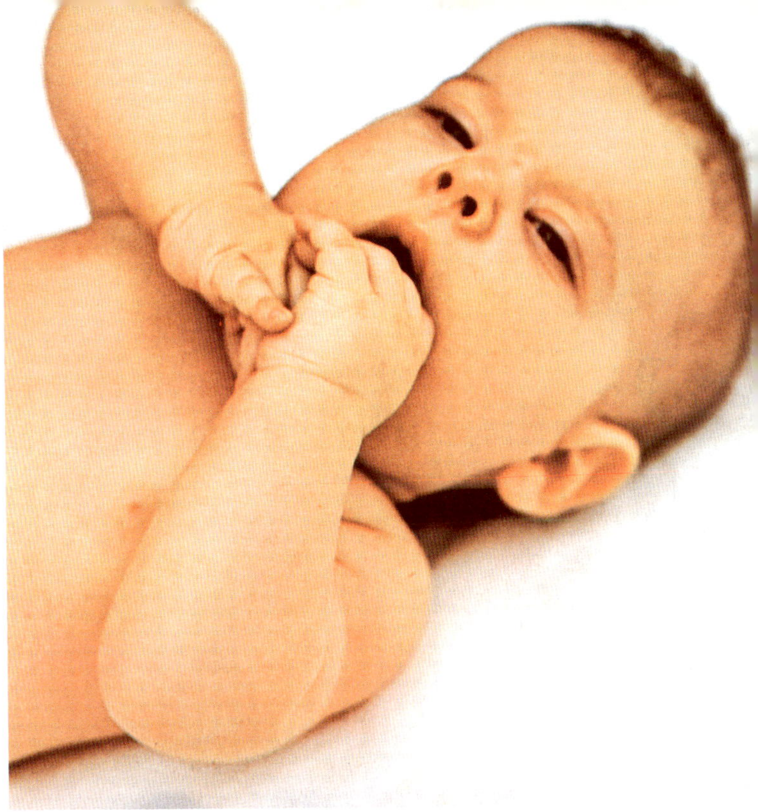

장난감을
입 속에 넣는다

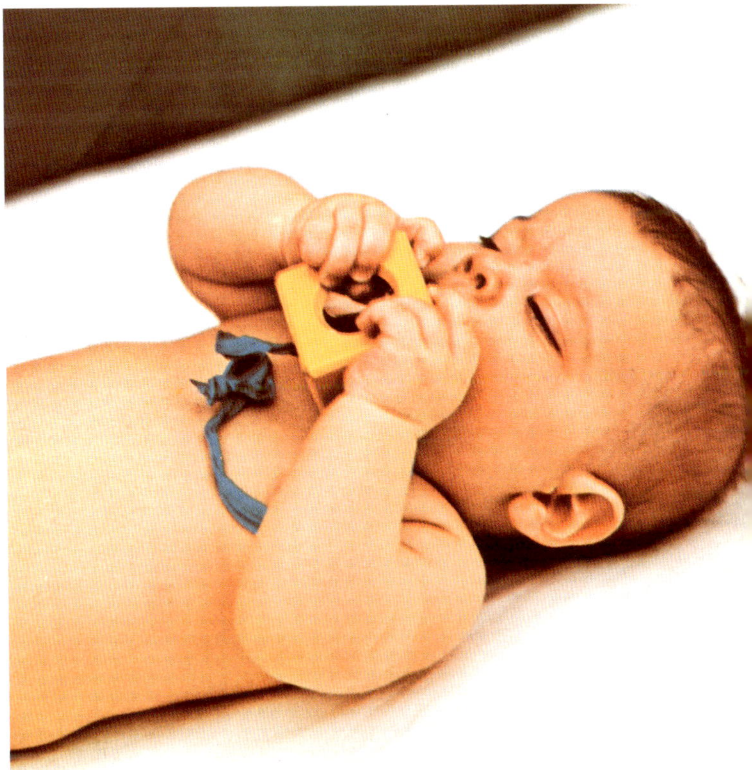

사회적 행동

큰 소리로 웃는다

만족감이 많을수록, 아기들은 더 자주 웃게 된다. 이러한 능력은 매주 증가하여 4개월 때에는 - 특히 부모나 형제들이 아기에게 장난치듯 정겹게 접근하면, 큰소리로 행복하게 웃는다. 즐거움을 몸 전체로 표현한다 : 즉 아기는 얼굴로 웃는 것처럼 손으로도 미소 짓고 웃는다.

한 살이 되었을 때 미소와 웃음은 그 절정에 이른다. 유아는 영아들보다 적게 웃는다. 그리고 학령기의 아동은 그 이전보다 훨씬 더 진지하게 된다.

음성표현

환호하기 - 마찰음(Blasreiblaute)

영아기의 기분 좋은 분위기와 주위 사람들과의 밀접한 관계는 아기가 지르는 환호에서 인상적인 음성적 표현으로 나타난다.

이것은 갑작스런 음조변화(Stimmlagewechsel)를 가진 짧고 끊어지는 소리로 특성을 나타낸다. 환호성 외에 아기는 4개월째부터 마찰음을 낸다. 다문 입술 사이로 공기를 압축하여 ≪브≫나 ≪프≫ 또는 ≪스≫ 소리를 낼 수 있는데, 이 소리는 영어의 ≪th≫발음과 비슷한 소리의 음이다.

큰 소리로
웃는다

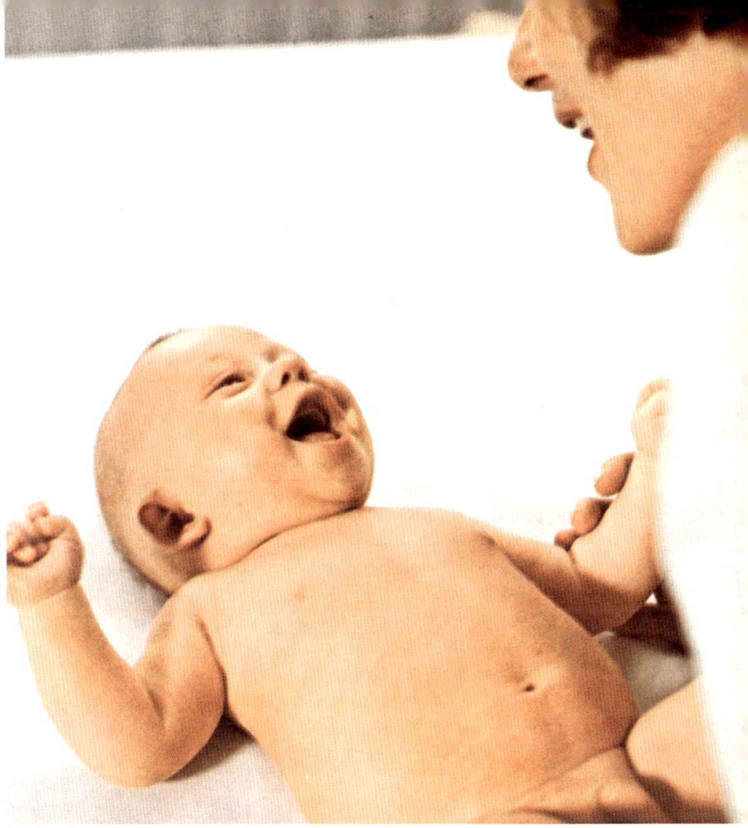

5개월

기기(배밀이)

배에서 등 쪽으로 뒤집는다

배로 엎드려 흔들거리는 것은 아기가 팔로 버팀으로써 잠시 중단된다. 어떤 때는 한 팔로 (사진과 같이), 때로는 두 팔로 뻗친다. 결국에는 머리와 가슴 윗부분을 조금 옆으로 돌린다. 아기가 머리 위쪽에 비스듬히 매달린 (물체)를 바라보려고, 중심을 잃을 정도로 최대한 돌린다. 아직도 비교적 큰 머리를 ≪당기면서≫ 몸 전체와 함께 아기는 - 자신도 전혀 예상하지 못했던 - 등 쪽으로 수동적으로 뒤집는다. 이 전체를 우리는 뒤집는 것으로 표현할 수 있다. 이것은 좀 더 성장한 영아기의 적극적인 뒤집기와는 뚜렷한 차이가 있다.

앉기

앉히려고 끌어당길 때 머리와 팔, 다리를 구부린다

영아기는 다시, 구부리는 것이 우선적인 발달단계에 있게 된다. 그러나 신생아기 때와는 달리 이 구부리는 것은 적극적인 것이다. 앉히려고 천천히 끌어당길 때, 이런 현상은 전형적인 시범으로 볼 수 있다. 머리를 앞으로 숙여 가슴에 턱이 거의 닿게 된다. 배와 골반근육의 긴장은 커다란 둔부굴절을 초래하여, 허벅지가 거의 배에 닿게 된다. 그림에서 볼 수 있듯이 무릎을 굽혀서 전체적으로 구부린 모양이 된다(사진에서 더욱 뚜렷하게 나타나고 있다).

배에서 등 쪽으로
뒤집는다

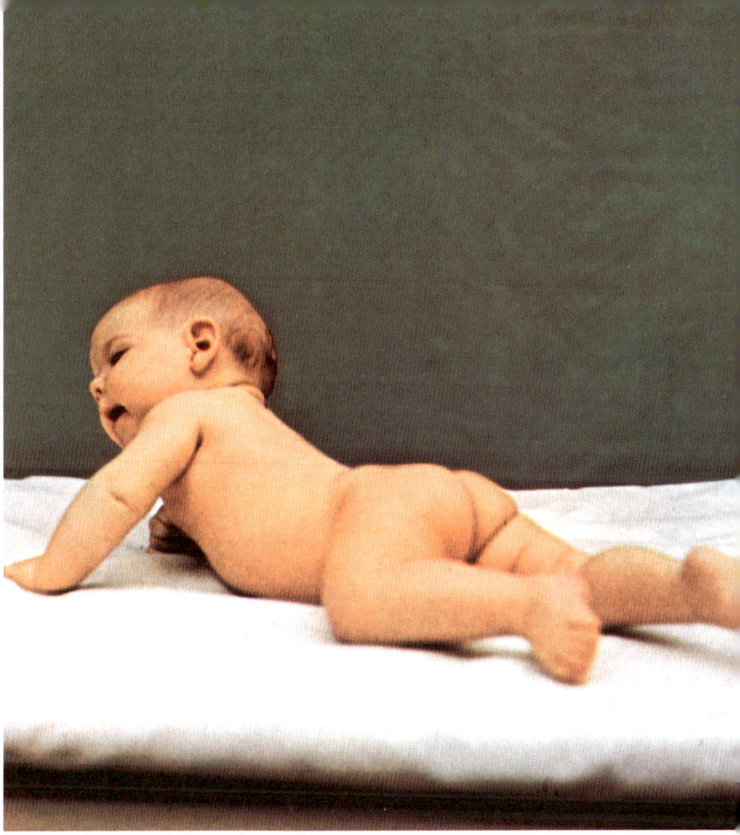

앉히려고 끌어
당길 때 머리와 팔,
다리를 구부린다

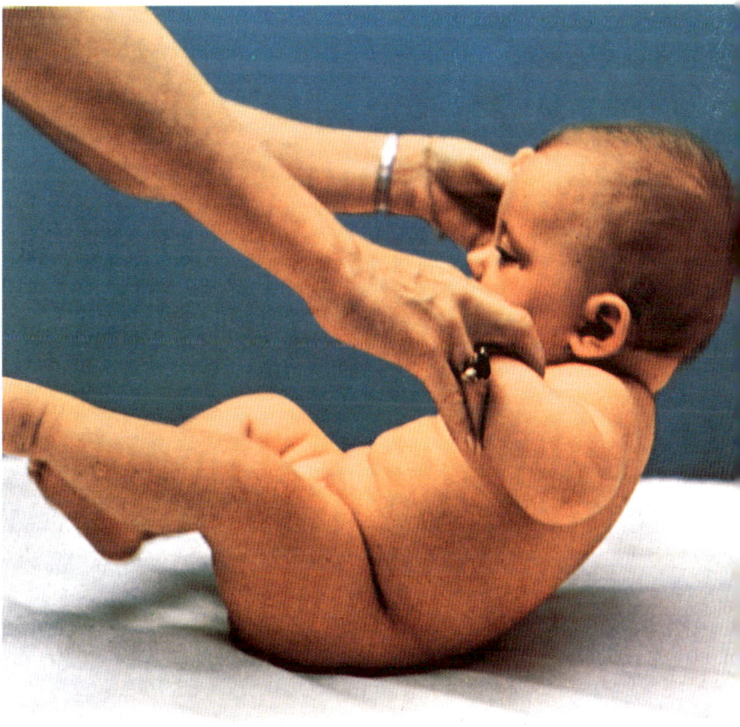

걷기

몸의 체중을 잠깐 동안 지탱할 수 있다

다리로 지탱할 수 있는 능력은 계속 증가한다. 이 연령의 신생아는 다만 느슨하게 겨드랑이를 받치는 것만으로도 충분하다. 다리는 기둥의 역할로 변하여, 아기가 스스로 체중을 1초 내지 2초가량 지탱할 수 있게 된다. 가벼운 둔부 구부림은 몇 달 동안 지속해서 관찰되어진다. 일반적으로 아기가 ≪서는 것≫은 바닥에 발가락을 딛는 것이며, 이 상태로 걷는다. 상황에 따라 아기는 발바닥으로 걷기도 한다.

잡기

손을 장난감으로 움직여서 만진다

아기가 누워 있을 때, 아기의 손이 닿을 수 있고 잘 볼 수 있는 곳에, 흥미롭고 색깔이 있는 물체를 달아 둔다. 이렇게 하면 아기의 호기심이 일깨워지고 장난감을 보는 순간, 기뻐서 심하게 몸을 흔들기도 한다. 이 시기의 아기는 벌써 두 손을 움직여서 물체에 닿을 수 있다. 그러나 아직 잡지는 못한다.

몸의 체중을
잠깐 동안
지탱할 수
있다

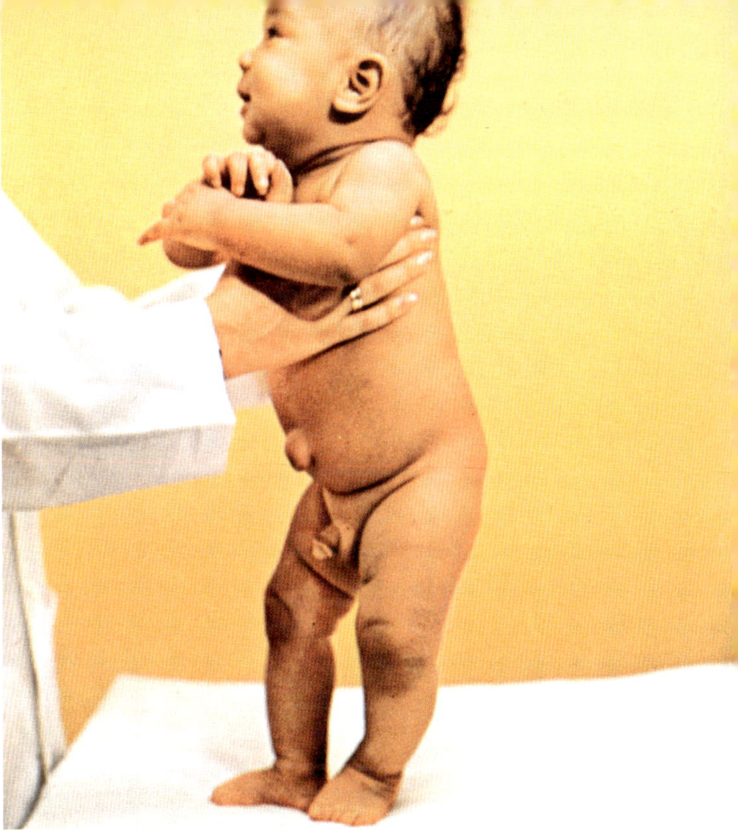

손을
장난감으로
움직여서
만진다

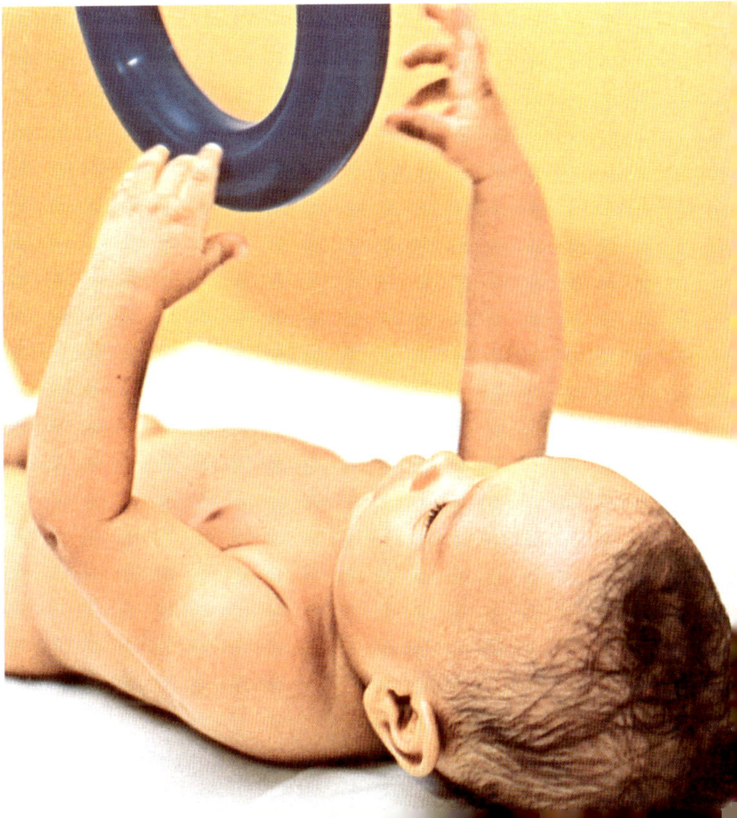

지각

4개월째부터와 6개월째까지 피부는 지각의 중심역할을 하지 않는다. 움직이는 시각적 자극들은 눈의 근육을 피로하게 하는 것이 아니라, 얼마 동안 신생아들을 매혹시키는 작용을 한다. 또한 신생아는 더욱 미세한 청각적 자극에도 주의를 하게 된다.

사회적 행동

애정이 담긴소리와 꾸짖는 소리의 억양을 구별한다

아기는 어머니가 ≪꾸짖는≫ 말을 할 때, 표정과 소리의 억양으로 이를 느낀다. 이 때 아기는 얼굴표정으로 당혹감이나, 불안 또는 놀라움을 나타낸다. 이것은 부모의 여러 가지 행동양식이 아기에게 그대로 기록된다는 최초의 가장 중요한 표시인 동시에 증거이기도 하다. 아기는 부정적인 것까지도 이해한다.

음성표현

언어발달 과정에 영아가 표면상 거의 아무것도 배우지 못하는 시기가 있다.

≪아기는 전에 말할 수 있었던 것을 다시 얘기하지 못한다≫ 라고 부모들은 믿고 있다. 이것은 5개월째의 대부분의 아기들에게 해당된다. 그러나 말하기를 좋아하는 아기들은, 지금까지 숙달했던 소리를 여러 가지로 결합해서 연습하기도 한다.

6개월

기기 (배밀이)

두 팔을 쭉 펴서 몸을 지탱한다

6개월 말에는 아기는 두 팔을 쭉 펴서 몸을 지탱하는 것을 즐겨한다. 또 이 때 두 손은 반 정도 또는 완전히 편다 : 주먹을 쥔 자세는 드디어 사라져 버린다. 정상적 발달에서 두 팔은 보통 나란히 서로 마주하고 있으며, 비스듬하거나 옆으로 펴지 않고, 머리 앞 쪽에 놓이게 된다. 이로 인해 가슴 전체를 바닥에서 들 수 있다 : 몸의 체중은 배와 손에 있게 된다. 아기가 닿을 수 있는 거리의 눈높이쯤에 흥미있는 장난감을 제공하면, 아기는 체중을 한쪽 아래 팔으로 옮겨서 자유롭게 된 다른 손으로 장난감을 붙잡으려고 한다. 아기는 이 위치에서 2초 이상 균형을 잡을 수 있다. 이와는 달리, 앞에 놓여 있는 것을 잡으려고 할 때, 아기는 팔을 그쪽으로 뻗어서 경우에 따라서는 ≪헤엄을 치는 듯한 운동≫을 하지만, 아직 움직이지는 못한다.

앉기

대부분의 신생아들은 6개월 때에 위로 끌어 당겨 앉게 하는 것을 좋아한다. 성인이 아기를 두 손으로 붙잡으면, 아기는 즉시 들어 올려 달라고 재촉하듯이 두 손을 꽉 잡는다. 아기를 앉힌 채 꽉 잡고 있으면, 상체를 구부릴 때 머리를 완벽하게 조정한다.

걷기

5개월에 비해서 걷는 능력에서 근본적으로 큰 변화는 확인되지 않는다. 점진적으로 안정감이 있고 오래도록 체중을 지탱할 수 있다.

두 팔을 쭉
펴서 몸을
지탱한다

잡기

장난감을 두 손 사이에서 바꾼다

아기가 물체를 가지고 최초로 하는 행동은 그것을 입속에 넣는 것이다. 이는 아기가 억제할 수 없는 충동인 것이므로 부모들이 걱정할 필요가 없다. - 좀 더 주의를 하면 아기의 새로운 기술을 발견하게 된다. : 물체를 한쪽 손에서 다른 쪽 손으로 옮길 수 있다. 때로는 입과 다른 신체부분의 ≪도움≫으로 자유롭게 할 수도 있다. 두 손 사이에서 물체를 교환하는 의미는 ≪초기≫의 손의 잡기반사 (신생아기 참고)에 대한 궁극적인 승리를 의미하는 것이다. 후자가 아주 효과적으로 진행되는 경우에라도 아기가 물건을 받아 쥐는 결정적인 순간에 그것을 떨어뜨리는 수가 있다. 물론 이 움직임의 과정에서는 상당한 정도의 협응(Koordination)이 나타난다.

지각

종이소리가 나는 쪽으로 머리를 돌린다

6개월째에 아기는 아주 작은 소리도 들을 수 있을 뿐 아니라, 주의도 잘 할 수 있다. 또한 이 아기들은 이중 방향으로 들을 수 있으므로 소리나 나는 방향을 정확하게 알아 낼 수 있다. 실험한 예: 조용한 공간에서 사전에 아기에게 보이지 않고 종이를 아기의 귀 가까이에서 소리를 내면, 아기는 소리가 들려오는 쪽으로 고개를 정확하게 돌린다.

장난감을 두
손 사이에서
바꾼다

바스락거리는
종이소리가
나는 쪽으로
머리를 돌린다

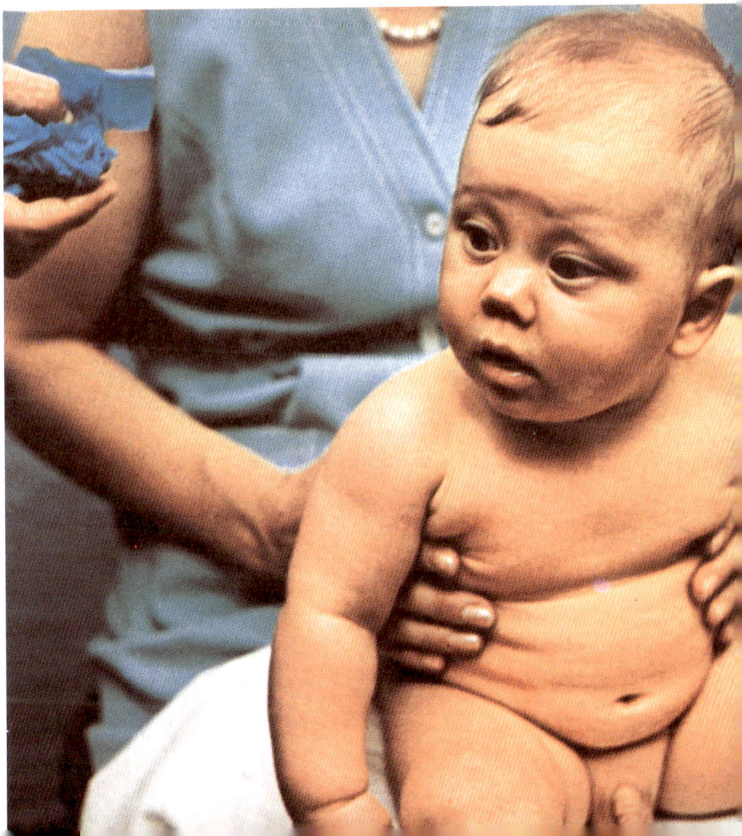

사회적 행동

아는 사람과 낯선 사람을 구별한다

이미 4개월 때에 언급했던 바와 같이 사회적 미소는 생후 6개월 후에는 더욱 차별화된다. 다시 말하자면 아기는 신뢰하는 사람에게만 바로 미소를 보내는 반면, 낯선 얼굴에 대해서는 낯설어 한다.

아기의 표정에는 낯선 얼굴 모습을 자세히 관찰하는 것을 아기의 표정에서 읽을 수 있다. 먼저 낯선 사람의 표정이 즐거우면, 아기 역시 친근하게 반응을 보이는 것을 자주 경험할 수 있다. 친근한 기분을 준다(아버지를 며칠 보지 못했을 경우에, 아버지 역시 낯선 사람의 경우가 될 수 있다).

음성 표현

리듬적 연쇄음절

아기는 같은 음절을 연속적으로, 예를 들면 ≪게 - 게 - 게≫, ≪다 - 다 - 다≫, ≪맴 - 맴 - 맴≫ 등으로 잇따라 한다. 가끔 연쇄음절의 각각의 철자를 소리의 높이나 발음의 강도도 변화시켜서 아기는 발음 순서를 리듬적인 구조로 만든다. 이는 젊은 부모들에게는 가장 아름다운 기상 멜로디(Weckmelodie)이다.

7개월

기기(배밀이)와 앉기

누워서 배쪽으로 뒤집는다

누웠다가 뒤집는 것은 아기의 중요한 운동 형태 중 하나이다. 이렇게 뒤집는 활동은 이전에 가끔씩 나타냈던 것과 같이 몸 전체를 돌리는 것은 아니다. 이렇게 뒤집기 위해서는 엉덩이와 어깨 사이에 나선형 형태의 움직임이 더욱 더 필요해진다. 아기는 이렇게 적극적으로 뒤집음으로써 자기 몸의 위치를 처음으로 활동적으로 변화시킬 수 있고, 또한 이후에는 앉을 수 있게 된다. 이 운동은 즉 기기뿐 아니라 앉기의 전제조건인 것이다.

앉기

발을 가지고 논다

아기가 누워 있을 때, 이 연령에서는 항상 즐겁게 발을 잡고 논다. 일부 아기들은 발을 입으로 가져 가기도 한다. 이러한 놀이는 엉덩이를 구부려 목적하는 것을 잡을 수 있게 하는 능력을 키우기 위한 전제 조건인 것이다.

누워서
배쪽으로
뒤집는다

발을
가지고
논다

7 개 월

걷기

튀어 오른다

7개월쯤 되면 아기는 특히 즐겨서 하는 새로운 형태의 운동을 발견한다. 성인이 겨드랑이 밑을 받쳐주면, 아기는 쪼그리고 앉은 자세에서 엉덩이와 무릎 및 관절을 폄으로써 뛰고 반동을 붙여 다시 뛴다. 펴고 구부리는 현상이 차례대로 나타나는 것을 통해 탄력성이 생긴다.

잡기

두 손으로 잡는다

7개월에 아기는 두 손으로 동시에 원하는 물체를 잡는 것이 가능하다. 일반적으로 몇 주 이전만 하더라도 물체를 손에서 떨어뜨렸던 것과는 다르게, 이 시기에는 몇초 동안 두 손으로 꼬옥 잡을 수 있다.

튀어 오른다

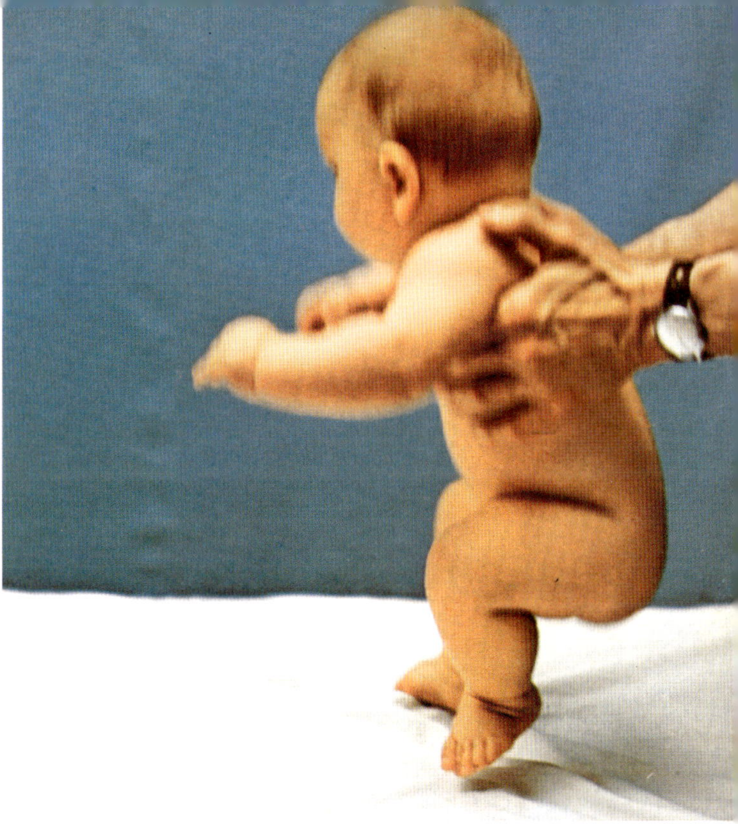

두 손으로
잡는다

잡기

두 손 사이에서 장난감을 바꾸어 잡는다

물체를 더욱 가까이서 보기 위하여 아기는 두 손으로 물체를 집어서 돌리기도 하고 뒤집어 보기도 한다. 이 때 아기가 종종 물체를 한 손에서 다른 손에 옮겨 잡기도 하고 이를 반복하다가, 물체를 떨어뜨리면 다시 잡는다.

지각

떨어뜨린 물체를 찾는다

아기는 그 순간에 물체의 소리를 듣거나 볼 수 없는 경우라도, 많은 물체들이 존재한다는 것을 알기 시작한다. 이러한 경험과정들로 기인해서 아기는 아래로 떨어뜨린 물체를 추적한다. 일반적으로 아기는 떨어뜨린 물건을 순간적으로 눈에서 놓쳐 버린다. 이때 아기는 바닥에서 물건을 다시 찾을 때까지 다른 일에는 관여하지 않고, 그 물건을 찾으려고 고개와 상체를 숙인다. 아기는 그 물건이 위에 있는 것이 아니라, 밑으로 떨어졌다는 것을 이미 알고 있는 것이다.

두 손 사이에서
장난감을 바꾸어
잡는다

떨어뜨린
물체를
찾는다

사회적 행동

까꿍 놀이

아기와 함께 하는 하는 최초의 사회적 놀이 중의 하나가 ≪까꿍-놀이≫이다. 어머니나 또는 신뢰하는 성인이 아기의 머리와 눈을 수건으로 가리고 나서, 즐겁게 ≪까꿍≫하면서 웃으면서 그 수건을 치운다. 처음 몇 번 ≪연습≫을 하고 나면, 아기 스스로 수건을 얼굴에서 내리고 어머니를 마주보고 즐겁게 웃는다.

음성표현

"옹알이 하기"

6개월 때와 마찬가지로 7개월에서도 아기의 ≪옹알이 하기≫는 중요시 된다. 아기는 자주, 또 즐겨서 무엇인가 ≪얘기하고≫ 또 표현할 수 있는 모든 소리 (ㄹㄹㄹ-연속음, ≪ㅍ≫, ≪ㅂ≫, ≪ㅁ≫, ≪ㄱ≫, ≪ㄷ≫, ≪ㅎ≫과 결합된 모음들)을 발음할 수 있다. 아기는 이러한 소리들을 음절형태로 병렬시켜 ≪맴-맴-맴≫이나 ≪헤-헤 -헤≫. ≪에-파≫, ≪다-다≫ 등으로 기억한다. 이렇게 옹알이하는 동안에 아기는 항상 계속해서 음의 강도나 억양을 변화시킨다. 물론 이러한 옹알이는 아직 아무런 의미가 없다.

까꿍 놀이

8개월

기기(배밀이)

스스로 몸을 돌린다

아기의 모든 능력이 발달하는 데는 시간이 걸린다. 가끔 새로운 운동이나 능력들이 그것이 완전히 발달되기 전에, 이미 관찰될 수 있다. 예를 들면 이것은 8개월째에도 해당되는 것으로, 이 때 아기는 자기 나름대로의 방법으로 계속 움직이려고 시도한다. 일반적으로 아기는 이 시기에 앞으로 기어 갈 수는 없으나, 적어도 자신의 중심축(몸통)을 돌려, 이 방법으로 자신의 위치를 변경 시킬 수 있다.

앉기

앉기 위해 스스로 당겨 올린다

아기는 부모가 손가락(엄지 또는 검지)을 내밀어 주면 그 손가락을 꽉 붙잡고 자기 쪽으로 당겨서 일어서려고 한다. 이 때에 부모는 7개월 때와 같이 아기의 손을 더 이상 꽉 잡아 주지 않아도 된다.

스스로 몸을
돌린다

앉기 위해
스스로 당겨
올린다

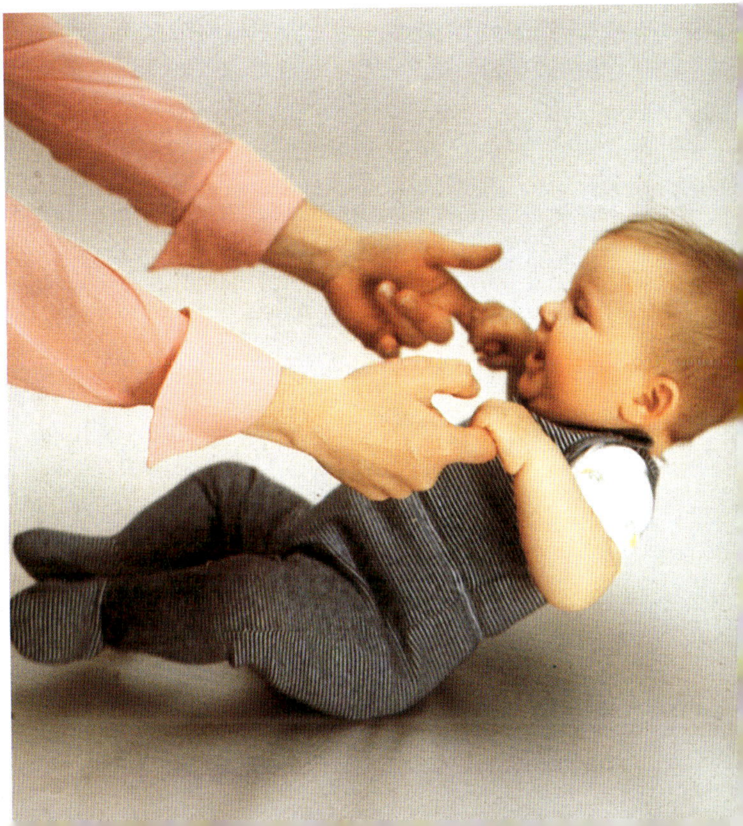

앉기

몇 초 동안 혼자 앉는다

8개월째에 아기는 혼자 앉는 것이 가능하다. 이것은 물론 높이 들거나 앉혔을 때에만 가능하다. 자주 아기는 뒤집혀지지 않으려고 한 손이나 두 손으로 몸을 받친다. 등은 아직도 똑바르지 못하다. 그러나 균형을 잃어버리지 않거나 넘어지지 않기에는 충분하다.

옆으로 몸을 지탱한다

아기의 어깨와 팔위쪽을 꽉 잡고 옆으로 가볍게 기울이면, 팔로 옆을 받쳐서 옆으로 넘어지지 않으려고 한다.

몇 초 동안
혼자 앉는다

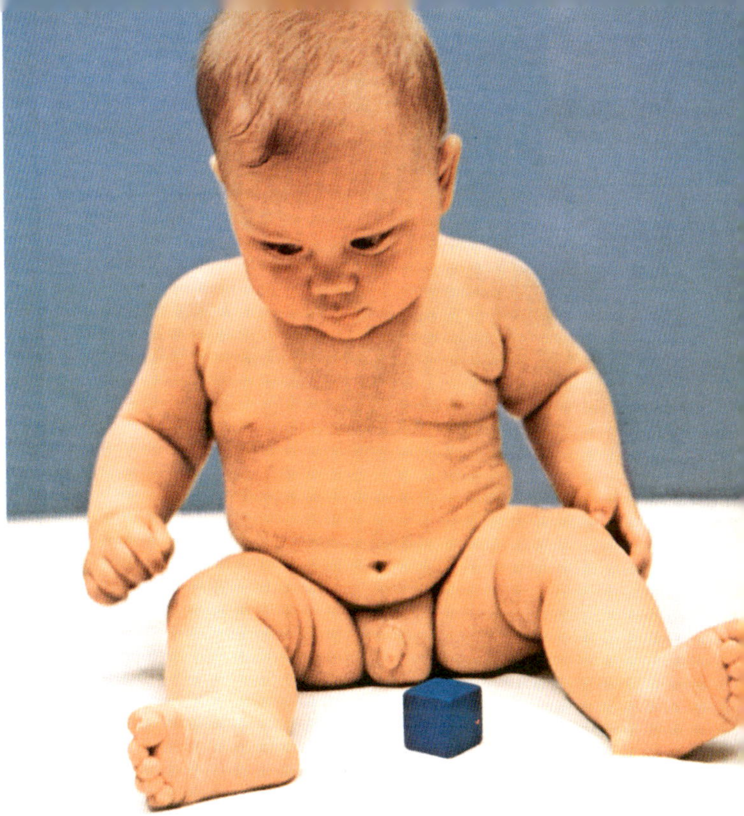

옆으로 몸을
지탱한다

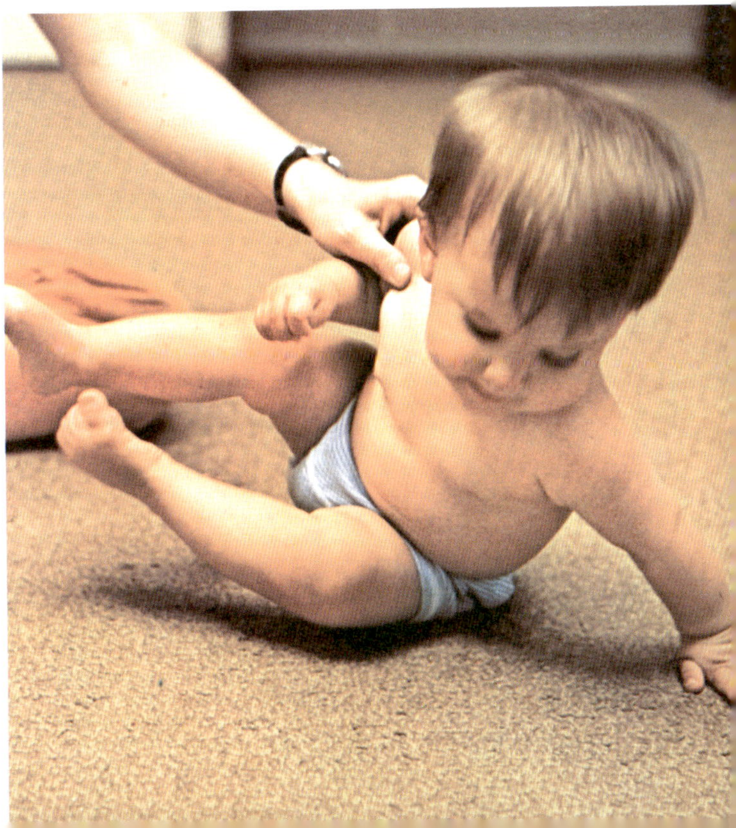

걷기

기기 발달에서와 마찬가지로 8개월 때의 아기의 걷기 발달에서는 새로운 능력이 획득되지 않는다.

아기는 겨드랑이를 받쳐주면 계속해서 펴고 구부리는 활동을 통해 탄력성이 생기게 되고(7개월 참고), 발바닥 전체로 바닥을 가볍게 디디며 버틴다. 이때 엉덩이는 한층 뚜렷하게 굽혀진다.

잡기

기기 발달 뿐 아니라, 걷기 발달에서도 8개월은 이미 이전에 할 수 있었던 기능들이 더 세련되고, 새로운 기능이 시작되는 과도기라는 것이 증명되었다. 이것은 잡기 발달에서도 마찬가지이다. 이 시기에 아기는 물체를 가지고 자주 노는데, 이때 두 손 사이에서 돌리거나 뒤집어 보기도 하고, 두 손으로 장난감을 꽉 잡으려고 시도해 보기도 한다. 손에 물체를 잡을 때 처음에는 손바닥으로 잡다가 ≪이동하여≫ 손끝으로 잡는 손발달이 어떻게 진행되는가를 볼 수 있게 된다.

8 개 월

지각

8개월 때 지각발달에 있어서의 특징적인 것은 특별히 새로운 능력이 획득되기보다는 아기의 직접적인 환경에서 일어나는, 예를 들면 커튼을 움직여 그림자놀이를 하는 것과 같은 개별적인 것에 흥미가 확장된다는 것이다. 이로써 아기의 주의력과 집중력이 끊임없이 증가함을 알 수 있다.

사회적 행동

낯가림

사회적 행동발달에 있어서 대단히 중요한 발달시기인 8개월을 전후하여 아기는 낯선 사람에 대해서 대단히 수줍음을 타거나, 불안해하기도 하는 반응을 보이는 것이 사실이다. 아기는 이때 자기를 신임하고 또 잘 아는 사람과, 처음 보거나 가끔 보는 사람과를 확실하게 구별할 수 있게 된다. 아기는 더 이상 누가 안거나 자신을 만지지 못하게 하며 - 울기까지 하면서 - 낯선 사람을 피한다.

앉기

뒤로 지탱한다

앉아 있는 아기를 약간 밀어서 균형을 잃게 만들면, 이 시기에 아기는 앞으로나 옆으로뿐 아니라, 뒤로도 지탱할 수 있다.

걷기

두 손으로 잡아 주면 선다

아기를 세워서 아기 손을 잡아 주면, 아기는 몇 초 동안은 다리로 단단히 서서 자신의 몸 체중을 지탱한다. 이때 두 발바닥은 큰 부담을 가지게 된다. 아기가 이렇게 서는 것은 짧은 시간에 불과한데, 이는 아기가 균형을 유지할 수 있는 자세가 없기 때문이다.

뒤로
지탱한다

두 손으로
잡아 주면
선다

잡기

물체를 의도적으로 떨어뜨린다

아기가 이전에는 가지고 놀던 물체들을 우연히 손에서 떨어뜨리게 되었지만, 이 시기에는 특히 좋아하는 물체를 잡았다가 떨어뜨릴 경우, 아기는 물체가 떨어지는 과정에 완전히 주의집중을 하게 된다. 이런 상황을 놀이로 생각하여 반복하면서 즐긴다.

지각

약한 소리에 흥미를 보인다

아기는 이미 청각적 자극에 반응을 보였다. 그러므로 신생아가 주변에서 갑자기 커다란 소음이 들릴 때 깜짝 놀란다. 6개월 된 아기는 바스락거리는 소리나, 또는 소리가 나는 쪽으로 머리를 돌린다. 이 시기의 아기는 조용한 소리와 소음, 예를 들면 시계의 똑딱거리는 소리나 전화벨소리에 집중하고, 오랫동안 즐겁게 또 주의 깊게 듣는다.

물체를
의도적으로
떨어뜨린다

약한 소리에
흥미를 갖는다

지각

그릇 속에 손을 넣어 물체를 잡는다

이 연령에는 청각적 지각이 증가되어 더욱 세분화될 뿐 아니라 시각적 지각도 세분화된다. 아기는 더욱 정확한 공간적인 관계, 즉 위와 아래, 앞과 뒤뿐 아니라 안과 밖을 구분한다. 아기는 색깔이 다른 물체가 들어 있는 그릇 속에 손을 넣어 그것을 잡을 수도 있게 된다.

사회적 행동

숨바꼭질

우리는 이미 7개월 때에 시작된 숨바꼭질의 최초의 형태를 보았었다 : 아기의 머리나 눈에 씌웠던 수건을 벗기면, 어머니를 다시 보게 되면 기뻐하였다. 이제 이 시기에는 가구 뒤에 숨은 어머니도 스스로 찾을 수 있다. 이때 어머니는 관심을 보이면서 ≪까꿍≫이라던가 혹은 ≪여기≫ 또는 이와 비슷하게 부르면서, 짧은 간격으로 몸을 숨겼다가 보이는 활동을 통해, 아기의 집중력을 조절할 수 있다. 아기는 긴장해서 기다리고 - 몇 초 동안이기는 하지만 - 어머니가 숨은 곳에서 다시 내다 볼 때까지 목을 어머니 쪽으로 내밀고 찾는다. 그리고는 어머니와 마주치면 즐겁게 웃는다.

그릇 속에
손을 넣어
물체를
잡는다

숨바꼭질

9 개 월

음성표현

뚜렷한 중복자음(복자음)

7개월 때부터 아기는 같은 자음을 연속적으로 소리내기 시작했었다. 지금 이 시기에는 아기는 두 개의 동일하고, 또 아주 뚜렷하게 발음되는 자음을 서로 연결시킬 수 있다. 이러한 중복자음은 최초의 ≪단어 영역(Wortabgrenzung)≫ 으로 이해될 수 있다. 가장 빈번하게 관찰되는 자음은 다음과 같다 : ≪마-마≫, ≪다-다≫, ≪바-바≫ 및 ≪다이-다이≫.

10개월

기기

두 손과 무릎으로 그네 타듯 앞뒤로 흔든다

이 시기의 아기는 자주 몸을 바닥에서 들고 두 손과 무릎으로 몸을 지탱한다. 이 자세는 나중에 기기 위한 기초가 된다. 그네 타듯이 앞뒤로 흔드는 자세로 기기의 기초가 되는 균형 잡기의 훈련을 하는 것이다.

앉기

혼자 앉게 된다

아기는 이 시기에 배로 엎드려 있다가 스스로 몸을 일으켜 앉을 수 있다. 이러한 몸의 위치에서 스스로 앉을 수 있기 위해서는 더 많은 운동기술이 요구되어진다 : 아기는 두 손으로 어려움 없이 몸을 받칠 수 있어야 하고, 또 애쓰지 않고도 자유롭게 앉을 수 있어야 한다. 이와 연결되는 요소로 볼 수 있는 것은 7개월에 서술했던 바와 같이 엉덩이와 어깨 사이에 있는 몸체를 돌리는 것이다. 이러한 전제조건들은 10개월이 되어서야 성취된다.

두 손과
무릎으로
그네 타듯
앞뒤로
흔든다

혼자 앉게
된다

앉기

두 발과 등을 펴서 자유롭게 앉는다

아기는 성인의 도움 없이도 혼자서 앉을 수 있다. 등과 두 다리를 잘 펴고서 안정되게 앉는다. 두 발은 조금 벌어져 있다. 이러한 자세로 아기는 몸의 균형을 잃지 않고 오랜 시간 놀 수 있다.

걷기

일어서려고 가구를 잡고 몸을 일으켜 세운다

기기 발달의 관찰을 통해 보았던 바와 같이, 10개월 된 아기는 네 발의 형태로 움직일 수 있다. 이 위치에서 아기는 가구에 의지해서 몸을 일으킬 수 있다. 아기는 완전히 구부린 혹은 반쯤 구부린 자세에서 한쪽 다리를 앞으로 내고 손을 짚어서 발을 옮긴다.

두 발과 등을
펴서 자유롭게
앉는다

일어서려고
가구를 잡고
몸을 일으켜
세운다

10개월

걷기

단단히 잡고 서기

아기가 가구나 또는 다른 적당한 물체를 잡을 수 있다면, 30초 이상 혼자서 설 수 있다. 이때에 발바닥은 - 발가락 끝으로가 아니라 - 바닥을 딛고 있다.

쥐기

핀셋트 형으로 잡기

이 시기에 아기는 작은 물체, 빵 부스러기 같은 것을 엄지와 검지만으로 집을 수 있다. 이때 아기는 엄지와 검지를 뻗쳐서 집어낸 물체를 핀셋으로 꽉 쥐듯이 이 두 손가락으로 잡는다. 이런 형태의 잡기는 전체적인 섬세한 운동 발달을 위해 필수적인 손가락 협응의 시작이다.

단단히
잡고 서기

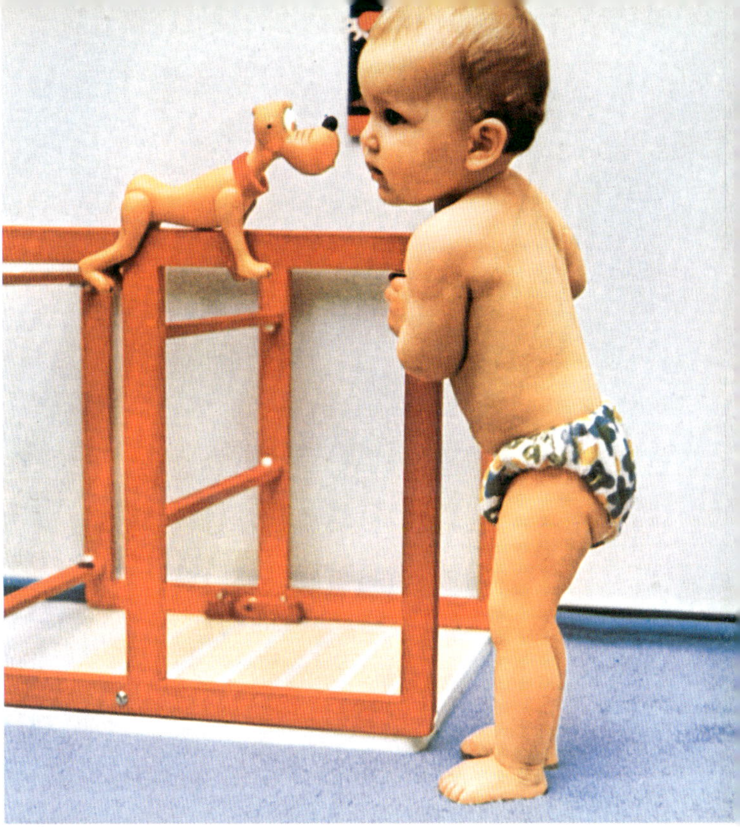

핀셋트
형으로 잡기

10개월

잡기

두 손의 협응

7개월 때 아기는 두 손으로 잠깐 동안이지만 어떤 물체를 확실하게 잡을 수 있었다. 10개월 때에는 두 손으로 하는 협동놀이가 많이 발전해서, 아기는 두 손으로 각각 물체를 잡을 수 있는데, 예를 들면 두 개의 주사위를 서로 두드릴 수 있게 된다.

지각

던지기를 시도한다

아기는 이 시기에 물건을 단순히 떨어뜨릴 뿐 아니라, 기운차게 던지기 시작한다. 이 놀이를 할 때 아기가 갖는 기쁨은 여러 가지 측면에서 의미가 있다. 공간적인 여러 관계의 체험, 곧 물체가 떨어질 때 나는 소리와, 물체들을 적극적으로 사용할 수 있는 경험은 중요한 역할을 한다. 이 외에도 아기는 보통 주변 환경을 통해서 흥미로운 태도를 보이는데, 이는 ≪함께 놀아 주는 사람≫이 아기에게 내던진 물건을 항상 다시 건네주기 때문이다.

두 손의 협응

던지기를
시도한다

지각

세세한 것에도 흥미를 갖는다

아기의 지각능력은 그동안 세련되어져서 점차적으로 작은 물체에도 흥미를 갖기 시작한다. 또 아기는 손가락 하나하나를 사용하여 목표한 것을 잡는것을 배웠기 때문에 (잡기를 참고할 것), 손가락을 사용하여 세세한 대상물(소켓트 구멍등)을 손으로 만지기를 좋아한다.

몸짓을 흉내 낸다

아기는 주위 사람들에게 점차로 강한 흥미를 갖게 되는데, 제시된 몸짓을 아기는 놓치지 않고 잘 관찰한 다음, 그것을 여러 번 반복해서 흉내 내려고 시도한다. 이런 몸짓과 관련하여 우리사회에서 가장 많이 사용되어지는 것은 ≪안녕-안녕≫, ≪곱자-곱자-빵≫, ≪너는 얼마나 크니?≫ 등이다.

세세한 것에도
흥미를 갖는다

몸짓을
흉내 낸다

사회적 행동

인정받고 기뻐한다

10개월 된 아기는 어머니나 부모 또는 다른 관계되는 사람들과의 밀접한 관계 형성을 하는데, 이 성인들이 아기를 인정할 때 기뻐하면서 관계형성이 이루어진다. 아기는 칭찬을 받게 되면, 이를 즐거이 되풀이하게 되고, 이러한 방법으로 성인들의 관심들을 끈다.

음성표현

대화

어머니가 아기와 단둘이 있으면서 아기가 어머니에게 집중하고 있을 때, 어머니는 다음과 같이 아기와 간단한 대화를 할 수 있다.

어머니가 아기에게 명확하게 반복하여 한 개의 자음 혹은 중복자음을 말해 주면, 아기는 이미 자주 들은 자음들을 사용해 표현하면서 ≪대답 한다≫. 이때 아기는 어머니가 말한 자음을 되풀이하기도 한다. 어머니가 말하고 아기가 대답하는 놀이는 어머니와 아기 사이에 일명 ≪대화(Dialog)≫로 비교할 수 있다.

언어이해

알고 있는 물건이나 사람에 대하여 물어보면 그것을 찾는다.

이 시기에 아기는 자신이 자주 들은 내용에 관한 개념들을 안다. 이것은 주로 장난감이나 또는 집안에 있는 물건들이다 ; 흔히 아기는 이미 엄마가 누구인지, 아빠가 누구인지를 알고 있다. 예를 들면 아기에게 ≪아빠 어디 있니?≫라든가, ≪전기불은 어디 있니?≫ 등과 비슷한 내용들을 물어 보면, 아기는 이것을 찾으려고 고개를 돌린다. 성인이 물어 본 것을 즉시 찾지 못하면, 아기는 물어본 것은 곧 잊어버리지만, 찾던 사람이나 물건을 찾아내면, 거기서 눈을 떼지 않는다.

11개월

1 1 개 월

기기

네발로 긴다

우리는 앞서 아기가 손과 무릎으로 운동을 계속하는 것을 기기라고 표현하였다. 습득되어야 하는 모든 운동과 같이, 기기 또한 처음에는 고르지 못하고 불안정하다. 그러나 11개월 때에는 각각 오른쪽 팔과 왼쪽 다리, 그리고 왼쪽 팔과 오른쪽 다리를 리듬적으로 바꾸면서 앞으로 내어 긴다, 이러한 방법으로 기기의 협응이 이루어지는 것이다.

앉기

균형을 잘 잡으면서 자유롭게 앉는다

앉기 발달은 거의 완성되었다. 아기는 스스로 다리를 천천히 들어 올릴 경우에도 더 이상 균형을 잃지 않는다. 아기는 아주 안전하게 다리를 펴고 등도 바르게 하여 오랫동안 앉을 수 있다.

네발로 긴다

균형을 잘
잡으면서
자유롭게
앉는다

걷기

가구를 잡고 그것을 따라 옆으로 걷는다

아기는 이제 점점 더 안정감 있게 서게 되고, 몸의 체중을 한번은 한 쪽 다리에, 한번은 다른 쪽 다리에 번갈아 옮겨 갈 수 있게 된다. 이렇게 해서 첫걸음을 제 자리나 또는 옆으로 내딛는다.

두 손으로 잡아 주면 앞으로 걷는다

아기를 두 손으로 잡아 주면 첫 번째 걸음마를 시도하게 된다. 한 다리를 앞에 두고 엉덩이를 앞으로 하여 걸음마를 시도하는데, 이때 발바닥은 큰 부담을 갖게 된다. 물론 이 걸음은 아직 머뭇거리게 되고 불안정하며, 또한 다리도 크게 벌린다.

가구를 잡고
그것을 따라
옆으로
걷는다

두 손으로
잡아 주면
앞으로
걷는다

1 1 개 월

잡기

≪집게잡기≫

잡기는 11개월 때에 세련되어 잡기가 완벽해진다. 작은 물체들을 집으려고 할 때, 엄지와 검지를 구부려 집게 모양을 만들어서 아주 작은 것들도 힘들이지 않고 꽉 잡을 수 있다. ≪핀세트집기≫와 ≪집게잡기≫의 차이는, 전자의 경우 엄지와 검지를 쭉 펴는데 비해서, 후자의 경우는 적어도 검지를 구부린다는 점이다.

지각

숨겨진 장난감을 찾아낸다

이 시기의 아기는 어떤 물체를 기억하여 그 모양을 잠시 동안 기억할 수 있는 능력이 점점 명확해진다. 그러므로 아기의 눈앞에서 그릇을 엎어 놓고 그 밑에 장난감을 숨겨 놓으면 곧 그 장난감 자리를 기억할 수 있다. 아기는 시야에서 사라져 그릇 밑에 있는 물건을 찾아내고 스스로 기뻐서 그 물건을 다시 그릇 밑에 숨기기도 한다.

집게잡기

숨겨진
장난감을
찾아낸다

지각

장난감을 끈으로 끌어당긴다

아기가 원하는 물건을 직접 손으로 잡지 않고, 다른 물건을 사용해서 그것을 끌어 올 수도 있다는 것을 알게 된다. 예를 들면 자동차나 장난감 오리를 끈으로 끌어당기거나, 책상 위에 있는 꽃은 책상보를 밑으로 끌어당겨 가질 수 있다는 것을 알게 된다. 아기는 최초로 관계를 올바르게 파악하고 또 자신의 목적을 달성하기 위해 실험하게 된다.

장난감을
끈으로
끌어당긴다

사회적 행동

혼자서 손으로 먹는다

사회성 발달은 다른 사람들과의 교제 외에 아기의 사회화, 곧 독립심과 우리 사회에서 타인과의 협동 등을 들 수 있다. 무엇보다도 자립적인 생활, 즉 자기 스스로 먹고 마시기, 입고 벗기, 배설하기 등의 통제가 여기에 속한다.

아기에게 있어서 이러한 자립의 시작은 손으로 음식을 먹는 것에서 비롯된다. 11개월 된 아기는 살짝 구운 식빵이나 비스켓 또는 이와 비슷한 과자 등을 혼자 먹을 수 있다.

컵으로 마신다

컵으로 마실 때 아기는 두 손으로 컵을 잡을 수 있기 때문에, 어머니는 다만 가볍게 지원만 하면 된다.

혼자서
손으로
먹는다

컵으로
마신다

음성 표현

최초의 의미 있는 음절

이 시기에 아기는 잘 알고 있는 상황이나 물건, 또는 사람들에게 항상 같은 음절, 중복음절 또는 기타 다른 음성표현을 하기 시작한다. 예를 들어 아기는 자동차를 보거나 자동차 소리를 들을 때마다 ≪부르릉≫이라는 소리를 내거나, 또 어머니가 먹을 것을 가지고 오는 것을 볼 때 ≪냠 - 냠≫이라고 표현한다.

이렇게 처음으로 아기가 언어를 사용할 수 있는 것은 11개월 된 아기 누구에게나 나타나는 것은 아니고, 많은 아기들은 좀 더 이후에 비로소 나타난다.

언어이해

금지를 이해한다

아기가 개별적인 단어의 의미를 이해하게 되면, 아기는 금지에 대해서 명확한 반응을 보인다. ≪안돼≫라는 말을 들으면 잠깐이지만 아기는 하던 일을 중단한다. 아기가 금지된 행동을 반복할 때, 아무런 느낌 없이 또는 익살스럽게 어른을 쳐다본다. 이 연령의 시기에서 특징적인 것은, 이미 언급한 금지 상황을 곧 다시 잊어버리고 그 행동을 반복한다는 것이다.

12개월

기기

기기의 발달과 함께 배로 엎드려 있는 자세는 끝이 난다. 한 살 된 아기는 아주 즐겁게 기어 다니지만, 벌써 일어 설 수도 있고, 잡아주면 몇 걸음 걸을 수도 있다. 한 살 이후에는 똑바로 설 수 있는 자세와 손을 들고 앞으로 움직일 수 있게 된다. 그러므로 이때 기기는 하나의≪놀이≫로 접근 되는 것이다.

앉기

11개월 때에 비해서 한 살 된 아기의 앉는 행동에는 더 이상 변화가 없다 : 이 기능의 발달은 이미 완성되었기 때문이다.

걷기

한손을 붙잡고 걷는다

아기를 한 손으로 잡아 주면, 12개월 말경에는 첫 번째 걸음마를 할 수 있게 된다. 이 걸음마는 아직 불안정하며 또 다리를 벌리고 걷는다. 아기는 균형을 빨리 잃게 되므로 어른이 꼬옥 잡아 주어야 하며 경우에 따라 넘어지면 잡을 수 있어야 한다.

한 손을
붙잡고
걷는다

잡기

물건을 손으로 건네준다

9개월 때 아기는 손에 쥐었던 물건을 일부러 떨어뜨릴 수 있었다. 이 때 아기는 손에서 놓친 장난감이 떨어진 곳에는 관심이 없다. 그러나 12개월 된 아기는 자기 손에 있는 물건을 의도적으로 다른 사람이 내민 손에 건네주거나 그릇 속에 넣을 수 있다. 아기는 손 또는 그릇을 보고 자기 손을 그 목표에 정확하게 맞추어 움직여서 그릇 안에 물건을 놓는다.

지각

작은 물건을 좁은 구멍 안에 넣는다

이 과제를 수행하기 위해서는 아기는 이미 많은 것을 배웠어야 한다 ; 아기는 작은 물건을 겨냥해서 잡을 수 있어야 하고 그것을 임의로 떨어뜨릴 수 있어야 하며, 또 눈과 손도 상당히 협응되어 함께 작용해야 하고, 공간적 관계도 알아야 한다. 이러한 능력들이 동시에 생긴 후에야 비로소, 단추 같은 작은 물건을 병 속에 넣을 수 있게 된다.

물건을
손으로
건네준다

작은 물건을
좁은 구멍 안에
넣는다

사회적 행동

≪잡기 놀이≫

부모와 아기의 관계는 1년 말이 가까워질수록 점점 더 확실하게 협동놀이의 특성을 띠게 된다. 어머니가 네발 형태로 아기를 뒤따라 기어가 아기를 잡으려고 시도하면, 이럴 경우 아기는 굉장한 재미를 느낀다.

음성표현

아기의 언어발달에서 12개월은 11개월 때와 마찬가지로 이해할 수 없는 지껄임을 혼자서 하는 것이 아니라, 최초의 의미 있는 ≪아기 말≫, 예를 들면 ≪멍-멍(개)≫, ≪가-가(오리)≫, ≪뜨겁다≫또는 그 비슷한 말들을 하기 시작하는 것이 특징이다. 이것은 고유한 인간언어의 시작인 것이다.

잡기 놀이

언어이해

간단한 요구사항을 이해한다

10개월 때 아기는 최초로 몇 가지 개념들을 알기 시작했는데 12개월 말에는 이미 간단한 문장으로 요구하는 것을 알고 이해하는 능력을 가지게 된다. 예를 들어 요구되는 내용 : ≪이리 와≫, 또는 ≪…좀 가져와≫라고 말을 하면, 올바르게 반응할 수 있으나, 매번 행하지는 않는다.

한 살 된 아기에게 어떤 요구를 하면 이 요구를 이행하려고 하는 동안 빈번히 이 요구를 잊어버리는 것이 특징이다. 아기는 목표물로 가다가 다른 흥미 있는 것이 있으면, 눈을 돌려 그것에 사로잡히게 된다.

신생아기에 가장 중요한 기능들은 어떻게 발달하나

이 장에서는 가장 중요한 기능들의 발달을 특별히 서술하고자한다. 여러분들께 어떻게 개별적 발달단계가 연속적으로 진행되는가를 제시하겠다. 이러한 기능들은 모든 아기에게서 관찰할 수 있으나, 누구에게나 일정하게 같은 속도로 진행되지는 않는다. 각각의 아이들은 ≪강한≫ 또는 ≪약한≫면이 있기 때문에, 어떤 기능적 단계는 빠르게 혹은 느리게도 발달한다.

여기서 우리는 대단히 흥미로운 사실을 관찰할 수 있다. 발달단계는 발달순서와 함께 이미 진행된 발달로부터 그 다음 단계의 발달이 형성되어진다. 모든 아기에게는 발달에 있어서 개별적인 개인차에도 불구하고 동일한 근본원리에 의해서 발달이 진행된다.

운동이란 무엇인가? - 만약에 인간의 운동에 관해서 언급하고자할 때 - 다른 말로는 **근육운동** - 우리는 이 개념이 가지고 있는 여러 가지 성질을 생각해야 한다. 한편으로 운동에는 선천적인 것과 이미 학습되어진 **운동형태,** 예를 들면 머리를 고정하거나 걷기와 같은 것이 있다. 또 다른 한편으로 운동을 예를 들면 피겨스케이터의 움직임에서 다양하게 인상적으로 나타내는 것과 같은 수많은 개별적 운동이 함께 작용하여 **협응**되는 것을 의미하기도 한다. 더 나아가서 운동은 발달단계에서 대근육에서 소근육으로 **세분화**되어간다는 것을 잊어서는 안 될 것이다. 먼저 대근육운동은 팔, 다리 전체나 몸 전체로 수행되는데 비해서 정밀한 소근육 운동은 항상 미세한 근육집단(예컨대 친근해지려고 할 때나 미소 지을 때)으로 바뀌어서 진행된다.

건강한 성인에게는 모든 움직임은 당연한 것이겠지만, 신생아들에게는 새롭고 어려운 것이다. 우리가 스키를 배울 때나 또는 다리골절이후 처음 계단을 올라갈 때의 어려움을 생각한다면, 신생아의 입장을 쉽게 이해할 수 있을 것이다.

스키 타는 것의 예는 좀 다를지 모른다. 새로운 스키 타는 기술을 배우기 위해서는 이상적인 기회가 필요하다. ≪미끄러지지≫ 않으려고 하면 방향 전환하는 법을 늦게 배우게 된다. 예컨대 아기가 몇 달 동안 다리를 폈다 오므렸다 하는 운동에만

≪매여 있다면≫ 아기는 걷기에 필수적인 균형 반응을 보다 늦게 학습하게 될 것이다. 동작들을 학습하는 데는 연습이 절대적이다.

개별적 발달기능들의 소개는 우선 운동에 관계되는 4가지 기능들로 시작한다 : 기기, 앉기, 걷기 그리고 잡기

기기는 손과 무릎을 이용하여 앞으로 가는 것을 말한다. 이는 더 이상 성인에게서는 볼 수 없는 앞으로 가는 모양이다. 몸통으로 길 때는 밑바닥에 몸을 대고 있지만, 기어 다닐 때는 바닥에서 몸을 들어 올린다.

기기의 발달은 배로 바닥을 기어 앞으로 가는 것에서 몸통을 들고 네 손과 발로 균형 있게 기는 단계적 발달에 불과한 것이다. - 배 위치의 가부에 관해서는 여기서 언급하지 않겠다. 확실한 것은 아기의 눕히는 위치를 지나치게 한쪽 또는 다른 쪽만을 강조하는 것은 해가 되거나 또는 위험을 초래할 수 있다. 다른 한편으로 꼭 언급되어야 할 것은, 대체적으로 배로만 엎드려 있는 것은 치료를 필요로하는 근거가 될 수 있다는 점이다.

여기서 배 위치의 운동발달에 보다 더 중요한 단계들을 고찰하기로 한다. 신생아는 **머리**를 옆으로 돌려서 **잠깐 동안 들어올릴 수 있다**. 가끔 신생아는 몇 초 동안 머리를 가운데에 고정시킬 수 있다. 팔을 많이 구부리고 두 손은 주먹을 꽉 쥐며 무릎을 배 밑으로 당겨 간다. 이러한 자세는 쭉 펼 때 비하여 굴절근육의 긴장이 높기 때문에 나타나는 결과로써 정상적인 것이다.

초기 몇 달 동안 신생아는 머리를 치켜드는 연습을 열심히 한다. 이와 함께 목, 등 그리고 팔 근육이 강하게 단련된다. 머리를

똑바로 치켜드는 때 어떻게 하는지를 한번 관찰 해보시라! 머리가 항상 앞서 갈 것이다. 이것은 학습되어야만 하는 것이다.

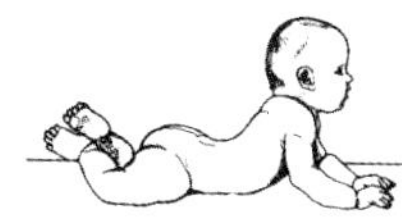

아기가 배로 엎드려서 **팔아랫쪽으로**(손목과 팔꿈치 사이 부분) 안전하게 지탱하여 머리를 똑바로 치켜들고 몇 분 동안 버틸 수 있게 되기까지는 약4개월이 되어야 한다.

또 약 3개월 이후에는 아래팔의 도움 없이 스스로 몸을 지탱할 수 있도록 하기 위하여 이젠 **팔을 뻗고 손으로 지탱한다**. 몸무게는 뻗쳐 벌리고 있는 두 손 사이와 배에 놓이게 된다 ; 즉 머리와 가슴을 밑바닥에서 떼어 들고 있다.

이러한 자세에서 몸을 뒤집을 수 있게 되고 아기는 실제 스스로 몸을 뒤집게 된다. 몇 주 후에는 처음으로 정말 ≪앞으로≫ 움직여서 기는 것을 배우게 된다. 이렇게 움직이는 방식은 우리에게 군대의 낮은 포복연습에서 익히 알려진 것으로, 많은 힘을 요하며, 성인뿐만 아니라 신생아를 위하여서도 불편한 것이다.

얼마 있지 않아 신생아는 팔이나 손에 의해서만이 아니라 무릎으로 몸을 지탱할 수 있게 된다. 우리는 이것을 네발 자세라고 하는데, 이 자세는 몸동이 바닥에 더 이상 닿지 않는것을 말한다. 그러나 아기는 멈춘 자세로 결코 있고 싶어 하지않고 항상 활발한 움직임을 추구한다. 이렇게 해서 아기는 9개월 경에는 **네발로 모두 그네 타듯이 몸을 흔들며** 기는데 이 때 아기는 스스로의 균형반응을 시험하고, 이 몸의 자세 다음 발달단계 전까지는 완전히 숙달하게 된다. 이러한 것을 통하여 언젠가는 아기는 넘어지지 않고 한 팔 혹은 한 다리를 앞으로 내밀 수 있게 된다 이러한 성공은 아기를 항상 새로운 시도를 하게끔 자극한다. 몇 주 후 연습이 충분하면 : **네 발로 기게 된다**. - 기는 것은 점차 안정되고, 빠르며, 율동적이고 그리고 유연하게 되어진다.

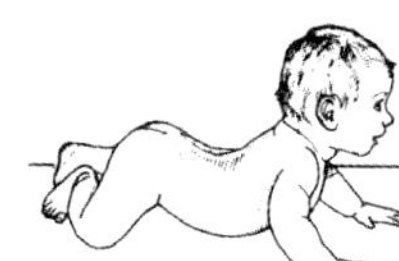

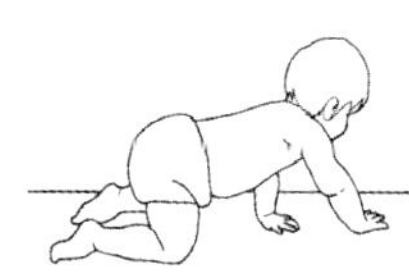

아기는 이제부터 곧 그의 주위환경인 전 집안을 지배하기 시작한다. 어떤 아기들은 6개월쯤 해서 급격한 발달을 보여, 마치 기기의 단계를 뛰어 넘어 걸으려고 하는 것처럼 보이기도 한다. 그러나 아기가 걸음마를 하는데 있어서 안전하다고 느끼지 못할 경우, 이 때 어느 곳에 빨리 다다르려고 한다면 반드시 네 발로 미끄러지듯 긴다.

기기는 성인에 있어서 더 이상 전형적인 원시형태를 가진 전진운동이 아니라 종결단계이다. 그러나 이 기기는 후에 걷는데 있어 필수적인 협응과 균형반응의 전체 근육의 근본적인 훈련으로 대단히 가치 있는 발달기능이다.

앉기의 발달

앉기는 그 목적이 앞으로 나아가는 움직임이 아닌 운동기능이다. 여기에서 자유롭게 움직이는 것은 어느 정도 제한되어 있지만, 손을 움직일 수 있는 기회는 대단히 많다 : 이것을 통하여 먹기, 놀기, 일하기 등과 같이 섬세하고 목표지 향적인 손의 움직임이 가능하게 된다.

앉기는 자리에 앉는 것과 다시 일어나는 것을 분리해서 생각할 수 없다. 수동적으로 앉는 것도 많은 근육의 힘과 활동과 - 만약 우아하게 앉는 것과 털석 주저앉는 것의 차이를 생각한다면 - 더불어 많은 근육협응이 요구되어진다는 것을 잊어서는 안 된다.

자유롭게 앉을 수 있는 능력은 세 가지 기본기능들을 전제로 한다 : 모든 신체위치에서 머리를 똑바로 치켜드는 것, 엉덩이를 자유롭게 구부리는 것, 그리고 몸체를 적극적으로 돌리는 것이다.

신생아는 누운 자세에서 머리를 옆으로 돌린다. 몇 주 후에야 비로소 아기는 **머리**를 자주, 그리고 좀 더 오랫동안 **가운데에** 놓을 수 있게 된다. 아기는 얼굴을 자기에게 굽히고 있는 성인에게 향하고 그리고 잠깐 주시할 수도 있다.

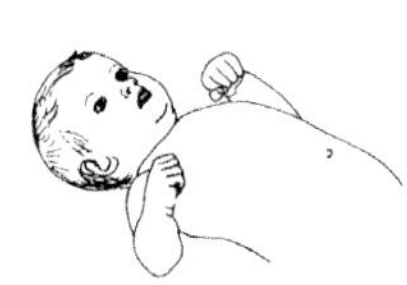

우리는 ≪남자≫신생아에게 시도를 한다. - 전문용어로 신생아의 생후 3개월경 앉히기 위하여 팔을 잡고 당겨 올리면, 머리

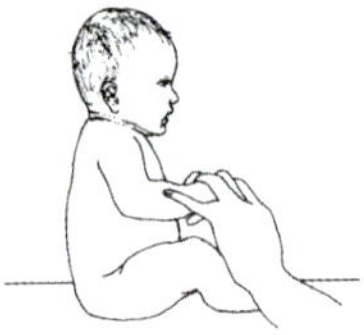

는 아직 뒤로 넘어간다. 신생아를 앉은 자세에서 꽉잡고 있으면, 가끔 신생아는 몇 초 동안 **머리**를 **앉은 자세**에서 가눌 수 있다. 3개월 말쯤되면 - 아직도 흔들리기는 하지만 - **앉은 자세에서 머리를 약 30초 동안 똑바로 들 수 있게 된다**.

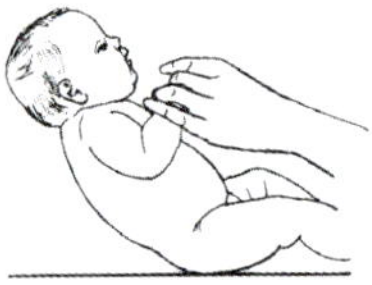

목 앞부분의 근육이 강해짐에 따라 아기는 누운 자세에서 머리를 앞으로 들어 올리게 되는데, 이것을 통하여 새로운 발달양상을 얻게 된다. 만약에 신생아를 앉히기 위하여 두 손을 잡고 상체를 천천히 들어 올리면, 이제부터는 **머리를 들어 올리는 힘은 척추의 연장선에서** 작용하게 된다. 신생아의 생후 6개월째의 발달모습이다.

이제 모든 신체운동들의 ≪지휘자≫인 머리는 점점 안정되어 가고, 안정성이 증가됨에 따라 보다 더 오랫동안 똑바른 자세를 유지한다. 더 나아가서 일명 내이(內耳)의 ≪삼반고리관≫(역주 : 척추동물의 속귀에 있는 반원 모양의 관. 세개로 되어 있는 관 속에 림프가 차 있어 그 움직임으로 몸의 방향이나 평형을 느끼게 한다)은 현재의 머리위치를 더욱 정확하게 입력하여 뇌에 보고하도록 도와준다. 신경계통을 통해서 머리를 항상 수직으로 되게 하는데 관련되는 근육에 명령이 전달된다. 여기서 한 가지 시도를 한다. : 아기가 아직까지 혼자 할 수는 없지만 앉도록 붙잡아보자. 그리고 신중하게 아기의 몸체를 오른쪽 또는 왼쪽으로 각각 기울여보자. 그러면 **머리는** 몸체의 연장선 위에 있게되며, 그 다음 머리를 **서서히 높이 쳐든다**.

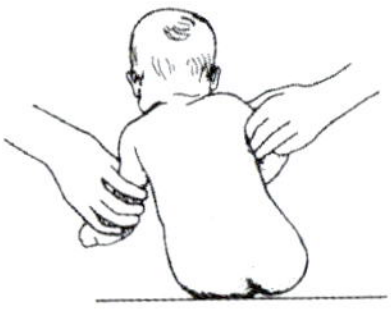

머리자세는 일반적으로 6개월이 되면 완전하게 된다. 그다음으로 중요한 부분기능으로서 엉덩이 구부림을 보기로 하자. 엉덩이 구부림은 아기가 누워서 버둥거릴 때 가장 잘 관찰할 수 있다. 건강한 신생아는 출생 때부터 어느 한 쪽 발에만 치우치는 것이 아니라, 두 발로 힘차게 버둥거린다. 조금도 지치지 않고 발을 구부렸다 폈다 하는 활동을 하는데, 처음에는 수평으로 움직인다. 다리를 몇 초 동안≪위≫에서 멈춰 있을 수 있게 될 때까지 점점 활기차게 움직여 가면서 다리를 더 크게 구부리게 된다. 이 움직임은 엉덩이의 힘을 통해서 가능한 것이다. 이 연령에서는 (약 6개월) 손에 닿을 수 있는 모든 것을 만지려고 한다. 이렇게 하여 아기는 자신의 **무릎 혹은 발**을 **만지는** 놀이를 통하여 자신의 신체부분들을 처음으로 알게 된다.

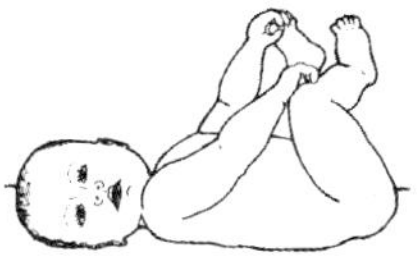

앉기 위한 세 번째 전제조건은 이미 우리가 언급했던 것처럼 몸체를 돌리는 것이다. 이시기에 신생아는 자신의 전체 운동발달에 있어서 전환점을 맞이한다. : 아기는 도움 없이도 누운 자세에서 배로 뒤집기 시작한다. 지금까지는 자세를 바꿀 수 없었으며, 있는 자세에서 정지된 상태로 있었다. **몸체돌림**을 통해 몸체의 움직임은 갑자기 명백해진다. 몸체를 돌릴 수 있는 능력 없이는 사람이 바로 일어설 수 없을 뿐더러, 그의 역동성도 빼앗겨 버린 것처럼 될 것이다.

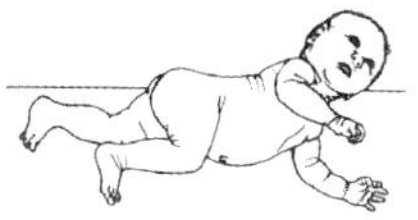

이 세 가지 부분기능들, 즉 머리자세, 엉덩이구부림 그리고 몸통돌림은 앉는데 있어 전제조건이 된다. 신생아가 앉는 것과 앉아 있을 수 있기까지는 오로지 연습과 시간의 문제다. 처음에 영아는 몸을 옆으로 돌릴 때는 아래팔로 지탱하고, 그 이후에는 손으로 시행한다. 아기는 몸을 일으키기 위해서 바닥에 지탱했던 손을 떼기 이전에 다른 쪽 손으로 확실하게 붙잡을 곳을 찾는다. 이때 상체는 수직이 될 때까지 점점 더 세운다. : 아기는 자유롭게 앉아있다. 아기는 새롭게 발전한 모습에 대하여 기뻐하는 것을 볼 수 있다.

약 10개월쯤 되면 아기는 새로운 몸통자세를 완전히 통제할 수 있게 된다. 이 때 아기는 **두 다리**를 약간 벌려 쭉 **펴고** 몸체와 **등**을 똑바로 하고 **앉는다**. - 두 팔과 두 손을 더 이상 몸을 지탱하는데 사용하지 않기 때문에 자유롭게 놓아둔다. 또 몸체를 자유롭게 돌리게 됨에 따라 두 팔과 두 손의 활동 여지는 더욱 많아진다.

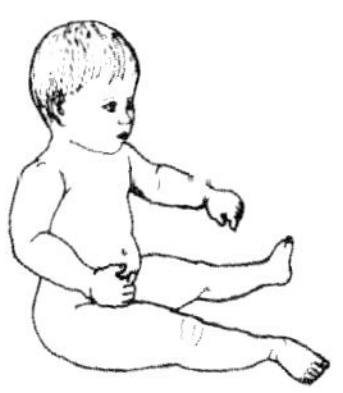

걷기의 발달

≪신생아의 발달≫을 얘기할 때, 사람들은 대부분 서기와 걷기를 생각한다. 그런데 걷기는 여러 가지 중요한 기능 중의 **하나**이며, 특히 인간을 위해서는 매우 특징적인 것이다. 동물세계에서는 어떤 기능들은 인간보다 더욱 특별할 수 있는지는 모르겠으나(예를 들면 개의 후각이나 치이타아(표범일종)의 달리기), 설 때와 걸을 때의 **직립자세**는 인간에게서만 볼 수 있는 **전형적인 것이다**.

아기가 약 10개월 때까지 한번도 스스로 바로 서 있지 못한다면, 어떻게 우리는 실제로 신생아의 걷기 발달에 대하여 언급할 수 있겠는가? - 아기들은 한살 무렵에 때때로 ≪설수 있다는≫ 것을 관찰 결과를 통해 말 할 수 있다.

첫 번째의 놀라움은 우리는 바로 신생아들이 그들 나름대로 걸을 수 있다는 것을 체험하게 될 때이다. 신생아는 번갈아 가면서 발이 바닥에 닿으면, 반사적인 결과로 **자동적인 걷기 운동**을 한다. 두 발은 자주 서로 걸리지만 다리에 부담이 가지 않고 열심히 다음 단계로 간다. 이런 반사적 현상은 건강한 신생아들에게 생후 1개월 또는 2개월까지 관찰되어질 수 있으며, 그 이후에는 영원히 사라진다.

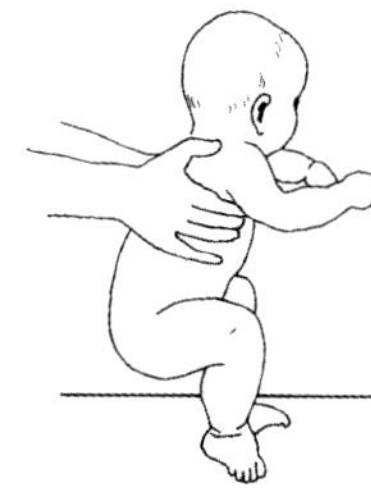

발바닥을 만질 때마다 줄곧 다리를 쭉 펴는 것은 곧 표면상 완전히 ≪수동적≫으로 되어 버린다. 3개월 말쯤 되면, 아기는 처음부터 기대했던 대로 한다. 아기를 바닥 위에 세우려고 시도하면 주저앉아 버린다. **두 다리를 굽힌 채**, 바닥에 대고 버티려고 시도하지 않는다. 이러한 발달국면은 수주일간 진행될 수 있는데, 이것은 지극히 정상적인 것이다.

특기할 만한 것은 다리가 줄에 매달린 꼭두각시인형과 같이 드리워져 있는 것이 아니고, 엉덩이와 무릎이 가볍게 굽어져 있는 것이다.

그 다음 발달단계는 적어도 서기 시작하려는 것으로부터 짐작할 수 있다. 그 다음의 3개월 동안에 신생아는 발이 바닥에 닿는 것을 느끼면 다시 ≪적극적≫으로 반응한다. 엉덩이보다 무릎관절에 더 힘을 주고 다리를 뻗어서 전체 체중을 1~2초 동안 지탱할 수 있다. 이 때의 자세는 아직도 힘이 들어가 부자연스러우며, 몸체는 약간 앞으로 굽어지고 발가락은 통상 아래로 꼬부라져 있다. 그러나 머리는 이미 똑바로 가눌 수 있다.

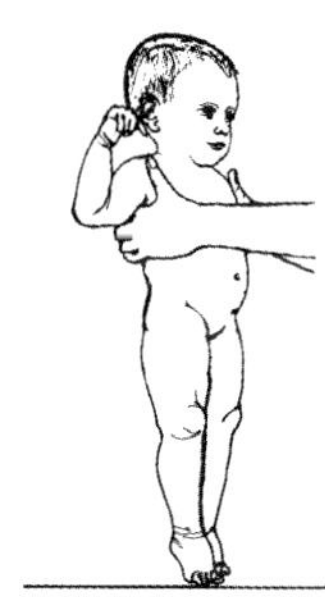

새로운 활동놀이가 가능하면 몇 주 동안에 걸쳐 힘 있는 몸체근육과 다리근육의 연습이 필요하다. 아기는 **탄력성** 있는 활동을 하기 시작한다. : 먼저 무릎을 굽혔다 펴면서 탄력성 있게 위로 올려 튕긴다. 또 쪼그려 앉은 자세에서 갑자기 높이 올렸다 다시 위 아래로 반복한다.

탄력적 운동은 중력에 대한 작은 승리일 뿐 아니라, 후에 서 있기와 걷을 때 균형을 잡기위한 사전 연습과정이다. 부모는 이것을 무리하게 해서는 안되며, 특히 발가락 끝으로 서는 경향이 있는 아기에게는 더욱 그러하다. 이 때 보행기나 기타 다른 기계적인 걷기보조기를 사용하게 되면 아기의 자연스러운 운동전개를 빼앗게 되는 것뿐만 아니라 걷기 발달에도 장애를 줄 수 있다.

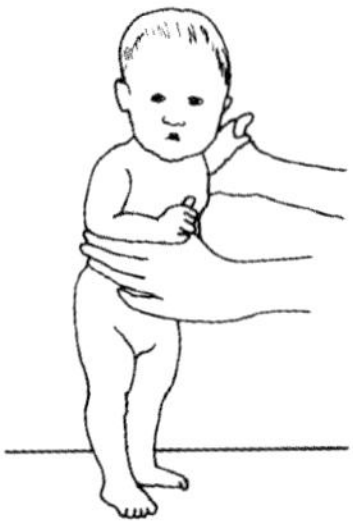

생후 9개월 말쯤 되어 **두 손으로 잡아주면** 적어도 30초 동안은 특별한 어려움 없이 충분히 바닥을 딛고 똑바로 **서있을 수 있다**. 이 때부터 아기는 스스로 서는 것을 시도한다. 그래서 손으로 잡을 만한 것을 찾아내어 실험하기 시작한다. 도중에 팔에 힘이 빠지거나 아기의 주의력이 약해지면 작은 사고가 일어난다. : 엉덩이로 주저앉거나 완전히 넘어지게 된다. 그러나 아기는 쉽게 낙담하지 않는다. 그럼에도 불구하고 한번쯤은 **위로 일어날 수 있게** 된다. ≪높이≫ 일어섰다가 두려워 다시 주저앉는다 ... 아기는 이에 대한 방법이 아직 준비가 되어 있지 않기 때문에 오히려 선 채로 있게 된다. 그러나 이 새로운 시각에 매혹되어서 보통은 다시 주저앉는 것을 ≪잊어 버리게≫ 된다.

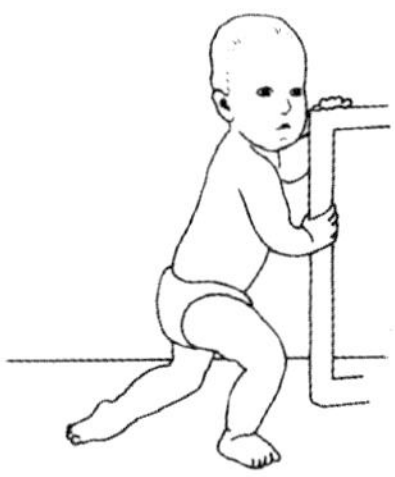

이 작은 실험자(아기)가 늘 지루하게 서 있는데 만족하지 않는 것은 지극히 자연스러운 것이다. 이 때 아기는 몸무게를 한쪽 다리에 두고서 다른 쪽 다리는 조금 옆쪽으로 옮겨 놓는다. 그리고 나서 먼저 번의 다리를 끌어당긴다. 이러한 방식으로 아기는 가구를 붙잡고 몇 미터 나아갈 수 있다.

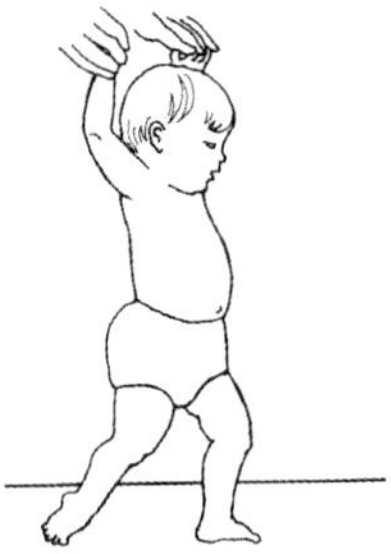

만일 아기가 **부모의 손을 붙잡고** 걸을 수 있다면 유난히 행복하다. 아기의 성향에 따라서 아기는 자신만만하게 또는 겁에 질려서 첫 번째 **발걸음**을 떼어 **앞으로 나가는 것**을 시도 한다. 엉덩이는 아직 많이 펴져있고 그리고 균형이 부족한 상태이나, 다리는 열심히 전진하려고 노력한다.

일반적으로 생각하는 것과는 달리 모든 아기의 60퍼센트만이 첫돐 때에 몇 발자국 자유롭게 걸어 나아갈 수 있다. 발달 적 측면에서 보면 즉 생후 1년 말경은 걷기의 커다란 발달시기가 끝난 것은 아니다. 적어도 이후 3개월쯤은 더 지나야 아기는 혼자 걸을 수 있게 된다.

잡기의 발달

잡기는 아기발달에서 거의 고려되지 않고 있으며, 이에 따라 그 의미가 크게 인정되고 있지 않다. 그러나 좀 더 구체적으로 살펴보면 잡기는 전체발달에 여러 가지 영향을 미치고 있는 중요한 기능의 하나로 간주된다.

성인은 손 활동의 중요성과 다양성을, 흔히 이를테면 한쪽 손이 부러져 일정 기간 동안 사용할 수 없을 때, 그때서야 비로소 인식하게 된다. 직장 일을 할 수 없을 뿐 아니라, 스스로 할 수 있는 모든 일에까지 방해받는다는 것을 알게 된다. 갑자기 일상생활에 필수적인 일들 즉 씻고, 옷을 입고 벗는 것과 같은 일들을 당연하게 행할 수 없게 된다. 마찬가지로 서로 교류할 때 나누는 몸짓이나, 애정을 주고받을 때 필요한 몸짓들도 더 이상 가능하지 않다. 뿐만 아니라 평소 익숙해 있던 물체나 재료의 무게, 온도 및 성질을 손으로 측정할 수 있었던 것도 불가능하게 된다. 그러므로 손은 지각기능과 접촉기능들을 이행하는 중요한 역할을 하는 것이다.

아기의 경우는 성인들보다 더욱 더 넓은 범위에서 영향을 미친다. 아기가 손을 어떤 목적한 방향으로 움직일 수 있을 때, 아기는 자신과 가까이 있는 얼굴이나 머리카락들을 잡으려고 시도하거나 또는 손가락으로 입이나 눈을 만지기도 한다. 흥미롭다고 생각하는 모든 물건들을 눈으로 볼 뿐 아니라 두 손으로 잡는다.

따라서 잡기는 정신적 발달뿐 아니라 인간의 독립성과 자립심, 그리고 다른 사람과의 관계를 수립하는데 가장 중요한 요소인 것이다.

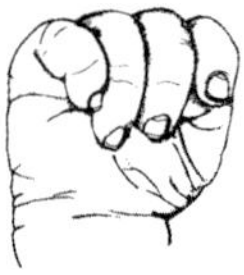

신생아의 조그만 두 손이 만 한 살이 되기까지 중요한 모든 운동의 기본기능을 어떻게 획득하는 가를 고찰해 보기로 하자.: 신생아에게서는 조그만 **주먹**을 꽉 쥐고 있는 것이 눈에 띈다. 이 시기에 신생아는 손을 마음대로 뻗칠 수도 없을 뿐만 아니라, 특정한 방향으로 팔을 펼 수도 없다. 이러한 잡기반사에 영향을 미치는 주먹 쥐는 자세는, 잡기의 발달이 가능해지는 3개월경이면 없어지게 된다. 이렇게 해서 4개월경이 되면, 아기는 반쯤 벌린 손을 앞으로 내밀 수 있게 된다. 이를 통해 아기는 두 손을 어떤 특정한 물체를 향해 뻗칠 수 있고, **두손**을 움직이면서 **모을 수도 있다**. 이와 함께 처음으로 잡기와 두 손의 협응이 이루어진다.

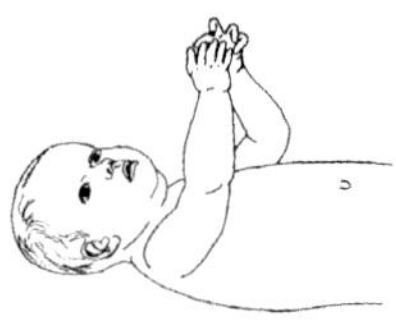

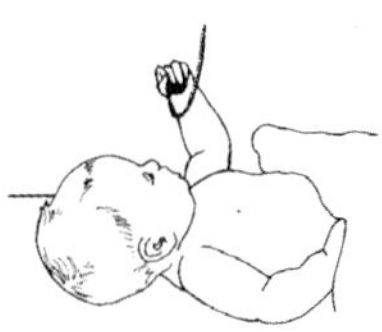

그러나 아기가 어떤 물체를 **목적 하에** 확실하게 **잡을 수 있기**까지는 6개월은 되어야 한다. 이때에는 협응도 많이 진전 되어, 아기는 장난감을 두 손 사이에서 교환하거나 동시에 두 손으로 물체를 꽉 잡을 수 있게 된다.

잡고 꽉 쥐는 것뿐 아니라, 또한 임의로 떨어뜨리는 것도 점진적으로 배우게 된다. 9개월경에는 아기는 어떤 물건을 **의도적으로 떨어뜨릴 수 있지만**, 목적 하에 **손을 뻗쳐 건네 줄 수 있는 것**은 12개월이 되어야만 가능하다.

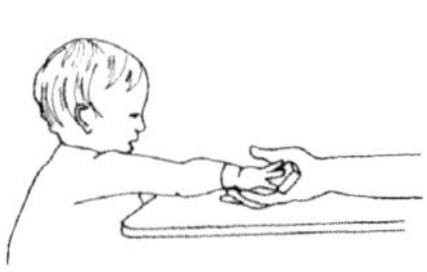

잡기 발달에는 주먹을 폈다 쥐었다 하는 것 외에 두손을 협응하고, 또 손으로 어떻게 물건을 잡아서 꽉 쥐는가 하는 방식도 포함된다. 6개월째에 아기는 아직도 물건을 손바닥 전체로 잡는다. 성인은 큰 물건들을 물론 손으로 집지만, 작은 것들은 손가락, 특히 엄지와 검지로 잡는다. 아기가 또 다른쪽 손의 엄지를 사용하여 검지와 함께 집게 모양으로 할 수 있는 능력은 12개월에 들어서야 발달한다.

잡기 발달에서는 두 손을 오므리고 펼 수 있는 협응 만이 포함되는 것이 아니라, **어떻게** 손으로 물체를 잡는지도 포함된다. 6개월경의 아기는 아직 **손바닥 전체로** 물체를 잡는다. 성인들은

174

큰 물건을 손으로 잡는 반면, 아기들이 물건을 잡을 때 엄지와 검지 손가락을 이용해 손가락 끝으로 잡는다. 엄지와 검지 손가락을 이용해서 집게 형태로 물건을 잡을 수 있기 까지는 12개월이 되어야 한다.

소위 **집게잡기**라는 것은 인간에게 매우 특징적인 것으로, 인간의 손만이 할 수 있는 특별한 기본능력이다.

지각의 발달(지각과 이해능력)

독일어에는 ≪지각(Perzeption)≫이란 개념으로 표현되는 모든 능력을 포괄할 수 있는 단어가 없다. 일반적으로 사람들은 우선 감각지각, 표상(이미지) 및 이해능력으로 이해한다. 특히 시각과 청각이 가지는 감각지각의 중요성은 누구에게나 분명하게 인식되어질 수 있다 : 아기는 눈으로서 누가 자기를 돌보아주고, 또 공간에 어떤 물건들이 있고 또한 그것은 어떻게 생긴 것이며, 색깔과 모양과 크기가 어떠한가를 경험한다. 귀는 언어보다는 먼저 음향, 소리의 높낮이와 소음들을 듣게 한다. 촉각이 가지는 의미는 이미 잡기발달에서 언급한 바 있다.

외부로부터 인간에게 들어오는 모든 이와 같은 인상들과 함께 무슨 일이 일어날까? 우리는 인상들과 관계되는 것을 알아보고, 이러한 관계들로부터 우리의 행위에 영향을 끼치는 것과 관계되는 결과들과 인지들을 도출하고자 한다.

이외에도 우리는 초기의 감각인상을 기억할 수 있으며, 이들을 다시 그림처럼 상상할 수도 있다. 계속 해내어야만 하는 그 다음 일의 모든 가능성은 ≪지각≫이라는 개념으로 이해될 수 있다.

물론 아기에게서 이 능력은 점진적으로 발달한다. 신생아는 최초의 인상들을 주로 **피부**(사회적행동 참고)로 받아들인다. 물론 신생아가 밝은 것과 어두운 것, 또는 큰 소음을 지각하는지의 여부도 어느 정도 명확하게 알 수 있다.

이미 처음 몇 주일 안에 아기는 눈을 어떤 일정한 사물에 향해 **응시하기 시작**한다. 다시 말하자면 어떤 특정한 것에 시선을 둔다는 것이다. 어머니가 아기에게 젖을 먹이거나 또는 아기침대 위로 몸을 굽혔을 때, 아기가 자신을 쳐다본다는 것을 느끼게 되며, 이때 모든 어머니들은 대단히 기뻐한다.

3개월이 되면 아기는 더 많은 것을 할 수 있게 된다.: 어떤 특정한 물체를 잠깐 동안 응시할 뿐만 아니라, **딸랑이**를 눈앞에서 **옆쪽으로** 움직이면, 눈으로 **따라갈 수 있다**.

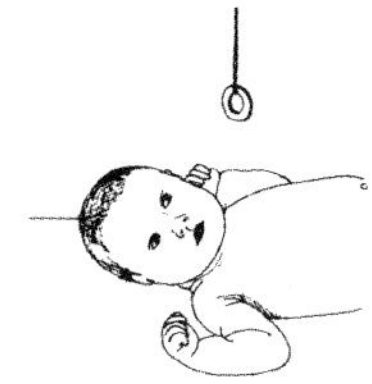

아기가 눈으로 주변과 주위환경에 대해 더욱 더 많은 것을 지각하기 시작하면, 음향과 소음에 대한 주위와 구별능력도 증가한다.

6개월 된 아기는 **어떤 방향에서 소리가 나는지 정확히 알아낼 수 있어서**, 그것을 찾으려고 몸을 돌리고 머리를 그쪽으로 돌려 흥미를 나타낸다.

6개월이 되면 아기가 이미 머리를 잘 가눌 수 있고 균형을 잡을 수 있기 때문에, 어머니는 자주 아기를 침대에서 들어 무릎에 앉히거나 또는 집안 이곳저곳에 안고 다니기도 한다. 이를 통하여 아기의 시야는 현저하게 넓어지게 된다. 더 이상 누운 채로 대상들과 사람들을 관망 하지는 않는다.

아기들은 자신의 주변에서 접할 수 있는 것들이 이웃에서도 똑같이 볼 수 있다는 것을 알게 되며, 그것들은 거리가 다를 수 있고 또 어떤 것은 소리를 내고 또 다른 어떤 것은 맛이 좋다는 것들을 발견하게 된다. 약 7개월경부터 아기는 물체나 사람들이 잠깐 동안 시야에서 없어져 버리더라도, 아직 그곳에 남아 있다는 것을 경험하게 된다. 이를테면 아기는 장난감을 떨어뜨려 시야에서 잠깐 보이지 않게 되더라도 어딘가에 있다는 것을 알고 그 **장난감을 찾는다**.

아기가 어떻게 위와 아래, 안과 밖, 또 가까운 것과 먼 공간적 관계를 파악해 가는 지 점점 명확하게 관찰할 수 있다. 9개월

된 아기는 다른 **그릇**에 들어 있는 자신이 좋아하는 색깔의 장난감을 **잡을 수 있게 된다**.

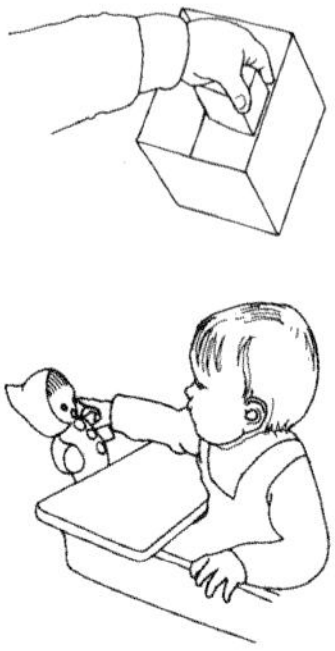

이와 같이 아기의 시야는 나날이 넓어져, 아기는 자신의 주변에서 찾을 수 있는 것과 자신에게 미치는 것에 대해 점점 더 많은 것을 지각하게 된다. 그러나 약 10개월경부터 아기는 작은 물체나 **부분**들을 알아 가는데 관심을 돌리게 된다. 이 발달시기에 아기는 검지로 부모나 인형의 눈 또는 입을 탐색한다. 아주 조그만 것들에 이렇게 집착하는 것은 아기가 어떤 **특정한 사물**에 몇 분 동안 **집중**할 수 있다는 것을 시사하는 것이다.

관찰과 집중은 두 가지 기본능력으로 점진적으로 더욱 더 발달되어진다. 이 두 가지 기본 능력은 우리가 자주 아기들에 게서 체험할 수 있는 모방의 전제조건이기도 하다. 바로 이 관찰과 집중을 통해서 아기는 그의 생활에서 많은 것을 배우게 되는데, 예를 들면 언어의 습득과 관련해서 생각할 수 있다.

아기는 모방을 하는 데에 자신의 관찰능력을 이용할 뿐 아니라, 12개월 말경에는 관찰과 경험 간의 관계를 이해하는 것도 배우게 된다. 이를테면 **장난감**에 끈이 고정되어 있으면, 끈을 **당길 수 있다**. 그러니까 아기는 관계를 관찰해서 스스로 행동에 옮길 수 있는 능력이 있다는 것이다.

사회적 행동의 발달

사회적 행동이란 개념은 우선 아기가 그의 주변사람에게 어떻게 반응하며, 또한 그들과의 교제를 어떻게 수용하는가를 의미한다. 여기에서 우리는 사회적 행동 안에 또 다른 영역 곧 사회화를 포함시킬 수 있다. 이 사회화는 아기의 독립과 사회적 환경에 대한 적응을 말한다. 사회화의 최초의 단계는 스스로 먹고 마시기, 입고 벗기 그리고 배설 기능의 통제이다.

생후 1년 안에 무엇보다도 이를 위한 전제조건, 지각과 세련된 운동능력이 어느 정도 확실한 발달단계에 도달되어야 한다. 12개월 말쯤 아기는 부분적으로 자신의 독립심을 위해 그동안 획득된 능력을 이용할 수 있게 된다. 아기는 밥이나 구운식빵이나, 비스켓 같은 것을 손으로 먹기 시작한다. 컵이나 병으로 마실 때에도 아기는 열심히 꽉 움켜쥔다. 어머니가 아기가 할 수 있는 대로 기회를 주면, 두 살 즈음에는 혼자서 즐거움을 갖고 더욱 더 스스로 하려고 한다.

지속적인 보호와 도움은 아기가 자립하고 독립하여 나중에 다른 사람들과 교제하고 공공단체의 일원으로 되는 데에 역효과를 준다. 따라서 사회성발달을 생각할 때는 위에서 언급한 내용들을 고려해야한다. 출생 후 첫 순간부터 아기가 다른 사람들과 관계하고 공공단체의 일원으로 되는 데에 소급효과를 갖는다. 따라서 사회성발달을 고려하여 다루어야 한다. 출생 후 첫 순간부터 아기가 **다른 사람들**과 가지는 **관계**는 결정적인 의미를 갖는다. 처음에 아기는 이러한 관계를 집중적으로 **피부**로 체험한다. 어머니와의 피부접촉을 통하여, 아기는 따뜻함과 부드러움을 느끼고 - 특히 젖을 먹을 때- 한 인간과의 긍정적인 만남을 최초의 형태로서 체험한다.

2개월째에 아기는 사람의 얼굴을 지각하고 사람의 목소리에 반응하기 시작한다. 아기가 누군가를 볼 때, 또 그 누군가가 애정을 갖고 아기를 대하게 되면, 이때 아기는 기쁨과 만족의 표현으로 첫 **미소**를 짓는다. 교제에서 오는 기쁨을 아기에게서 생후 1년 동안 명확하게 관찰할 수 있다.

이는 다른 사람들과 함께 있고, 또 그들의 애정을 경험하려는 인간의 내면에서부터 나오는 욕구를 나타내는 것이다. 부모의 사랑을 거의 받아보지 못하고 출생 때부터 시설에서 자라난 아동들이 얼마나 심한 장애를 받는가는 잘 알려진 사실이다.

생후 6개월이 되면 아기는 자신과 가장 **가까운 식구**들을 확실히 알아볼 수 있고, 또 **낯선 사람과 구별**하기 시작한다. 아기는 지금까지와 같이 누구에게나 웃지도 않고, 또 더 이상 낯선 사람의 팔에 쉽게 안기지도 않는다.

한 살이 지나게 되면 수줍음은 점점 더 뚜렷한 형태로 나타나서 낯선 사람을 두려워하게 된다. **낯가림**은 아동발달에 대단히 중요한 단계이다. 신뢰하는 사람과 낯선 사람과를 구별함으로써, 아기는 비로소 같은 식구에 대해서 깊은 소속감을 형성하는가 하면, 낯선 사람에 대해서는 직감적으로 수줍음을 나타내는 것을 배우게 된다.

대략 7개월쯤 되면 아기는 자기에게 친절하게 말을 거는 사람에게만 즐겁게 반응을 보일 뿐 아니라, 이제는 스스로 **활발**하고 **자발적**인 자세로 가까운 사람들과 **교제를 하게 된다**. 아기는 자신을 ≪부르는 소리≫에 주의할 수 있게 되고, 또 팔에 안기려고 자기 팔을 뻗는다든가, ≪까꿍≫놀이를 할 때 놀이를 계속하려고 스스로 머리 위에 덮인 수건을 반복해서 잡아당기기도 한다.

6개월이 지나면 아기는 부모나 다른 성인들이 하는 모든 활동에도 또한 흥미를 느끼며 그것을 주의 깊게 관망한다. 10개월 이후부터 아기와 어머니와의 반복되는 ≪**대화**≫를 관찰할 수 있다 : 어머니는 아기에게 말을 하고, 아기는 ≪대답≫하는데, 이때 아기는 어머니의 억양과 각각의 음절을 모방한다.

12개월 말경에는 드디어 부모와 아기 사이에 의사소통 가능성의 폭이 넓은 교류가 앓아져, 다양한 **사회적인 놀이** -예를 들면 ≪토끼놀이≫-가 가능하게 된다. 부모와 아기 사이에 더욱 긴밀하고 상호적인 접촉이 있으면, 아기는 다른 기능면에서도 이상적으로 발달할 수 있다. 아기에 대한 애정과 가까운 접근들은 아기의 건강한 사회적 · 정서적 · 심리적 발달을 위해서 기본전제조건이 된다.

음성표현의 발달

생후 첫날부터 아기는 소리를 낼 수 있다. 아기가 한 살 즈음에 ≪소리하는≫것을 본래 의미로 말하는 것이라고 아직 볼 수 없으나, 영아기의 음성표현은 언어습득을 위해서는 중요하고도 불가피한 과정이다. 말하는 것은 인간의 특징적인 것으로, 이는 근본적으로 다른 생물과 구별되는 것이다. 말하는 것과 사고하는 것은 밀접한 관계가 있으며, 이를 통해 인간 사이의 의사소통이 가능한 것이다.

생후 1년 동안의 아기의 음성표현을 보다 자세하게 관찰하면, 우리는 아기가 이미 많은 것을 표현하고 있으며, 어떠한 방법으로 이를 행하고 있는가를 알게 되고 놀라게 된다. 이때 우리는 완전히 이해하기 어려운 음 뒤에 숨어 있는 ≪의미≫를 발견할 수 있다. 다시 말하자면 아기가 어떤 소리로 무엇을 알리려고 하는지를 이해하는 것을 배우게 된다.

생후 2개월까지 아기는 잠을 많이 자는데, 이때에 우리는 아기들의 중요한 음성을 힘찬 **울음소리**로 만날 수 있다. 이러한 방식으로 아기는 그에게 무엇이 부족할 때, 즉 배고프거나 기저귀가 젖었을 때, 춥거나 아플 때, 주위의 관심을 끈다. 이와 반대로 아무런 탈이 없거나 기분이 좋을 때는 **모음**이나 **후음**으로 이를 표현한다. 그러나 이것은 숨을 내쉴 때 우연히 생기기도 한다.

3 ~ 4개월이 되면 음성표현은 점점 빈번해지는데 이는 깨어 있는 시간이 길어지는 것과 비례한다. 특히 이 시기에 ≪ㄹ의 반복≫ 소리가 많이 계속되는 것을 부모들은 느끼게 된다. 이는 아기가 기쁘고 만족한 상태에서 표현하는 것으로 **ㄹㄹㄹ의 연속** 즉 마치 아기가 목가심 (목을 고롱고롱하는)을 하는 것 같이 들린다. 이 시기는 또한 최초로 암시적인 **음절**이 시작된다. 이 음절들은 아직 불분명하고 불완전하게 들리며 거의 흉내 낼 수 없는 것이다.

4개월 말쯤 되면 아기에게 장난을 걸거나 아니면 아기가 특별히 만족감을 느낄 때 꽤 알아들을 수 있게 환호할 수 있는 것을 보고 부모들은 대단히 기뻐한다. 이로써 아기는 불쾌한 것과 만족한 것을 음성으로 표현할 수 있을 뿐 아니라 이것이 얼마나 기쁘고 또 얼마나 만족스러운 것인가를 나타낼 수 있다. 전체 언어발달에서 특히 이 시기에 중요한 것은 아기가 자주 재잘거려야 한다는 것이다. 집중적인 상호교류를 통해 아기의 기본 기분이 좋아지게 되며, 또한 표현의 즐거움도 증대된다.

5 ~ 7 개월 사이에 아기는 ≪**재잘 거린다**≫ 혹은 ≪얘기한다≫로 표현할 수 있는 것을 시작하게 된다. 아기는 그가 이미 할 수 있는 모든 모음과 자음을 다양하게 늘어놓는다. 이렇게 음을 섞어내는 데서 분명히 어떤 음절을 들을 수 있다. 이밖에 이 시기에 아기는 **억양을**, 즉 이야기 하는 가운데 (때로는 높게, 때로는 낮게) 그리고 음의 강도도 (때로는 크게, 때로는 작게) **바꿀 수 있다**. 이 시기에 아기는 사회성 발달의 단계에 있어서 낯가림을 시작해서 낯선 사람이나 낯선 환경에 대해 수줍어하거나 두려워하기 때문에 아기는 거의 주로 집에서만 ≪얘기한다≫. 어머니가 말하도록 자극을 주어 이야기 할 수도 있지만, 혼자서 있을 때도 마음에 드는 물건이 있으면 즐겁게 재잘거린다.

9 ~ 10개월 때에는 이미 지나온 단계에서 나타냈던 음절들을 반복해서 표현하기 시작한다. 이러한 **반복어**들은 명백하게 이해할 수 있는 것으로 예를 들면 ≪마-마≫, ≪파-파≫, ≪와-와≫로 이해된다. 이는 실제로, 말의 형태를 형성하는 최초의 근본시도이다.

11개월과 12개월 사이는 음성표현의 발달에 있어서 결정적인 전환점이다. 이 시기부터 아기는 무엇보다도 음성표현을 통해서 자기의 욕구나 기분을 알리고, 이와 더불어 자신이 말하고자 하는 것을 계속 반복해서 연습한다. 또한 이 시기부터 이미 말하고 표현 할 수 있었던 음절을 가지고, 그 ≪**의미**≫를 연결 하는 것을 배운다. 예를 들어 어머니가 아버지가 나타날 때 마다 아기에게 반복어 ≪파-파≫라고 언제나 미리 말해 준다. 아기는 이 단어를 점진적으로 배우게 되고 ≪파-파≫라는 말과 아버지를 연결하게 되어, 어느 날 아버지가 나타났을 때 서슴지 않고 ≪**파파**≫라고 말한다 : ≪파-파≫란 단어는 물론 최초의 ≪**아기 말**≫은 포괄적 의미를 갖는다 : 예를 들어 ≪멍-멍≫은 개를 의미할 뿐 아니라, 네발 가진 모든 짐승을 의미하며, ≪부르릉≫이라는 말은 소리 내는 모든 모터를 의미한다. 그러나 말하기의 근본적인 첫 걸음은 시작된 것이다. 이것은 2살 때까지 진행될 발달단계의 기초가 되는 것으로, 두 단어의 문장을 말한 것이다.

언어이해의 발달

말하는 것을 아기가 이해하는지의 여부를 알고자 할 때, 우리는 단지 추측에만 의존하게 된다. 아기는 물론 성인처럼 대답할 수 없기 때문에, 우리는 다만 우리가 한 말에 대한 아기의 반응을 관찰할 수 있을 뿐이다. 이러한 아기의 반응은 모호해서, 이를테면 어머니가 3개월 된 아기에게 구부리고 말을 하면, 아기는 허우적거리고 웅얼거리는 반응을 보이는데, 이를 명확하게 해석하기 어렵다.

아기는 먼저 만족이나 불쾌와 같은 기분상태를 소리로 표현한다. 말을 걸때 나타나는 반응 역시 감정과 기분의 표현들이다. 특히 아기는 주변사람들과의 교류함에 있어, 누가 **어떻게** 말을 건네는가에 따라서 즐겁게 반응한다. 이때 건네는 **말의 내용은** 2차적 역할에 지나지 않는다. 아기는 대략 5개월째부터 **친절하고 부드럽게 하는 말과 딱딱하고 엄하게 하는 말을 구별한다**. 흔히 어머니들은 아기에게 또는 다른 자녀에게 야단칠 때, 아기는 얼굴을 찌푸리거나 운다고 보고하고 있다. 여기에서 알 수 있듯이 말하는 내용이 결정적으로 영향 미치는 것이 아니라, 표현 곧 억양, 음의 강도, 표정, 몸짓이 중요하다는 것을 의미한다.

부모가 아기에게 말한 것에 대한 이러한 감성적 ≪반응≫들은 사회적 행동에서 더 자세하게 기술된다. 아기가 분명히 건네는 **말의 내용**에 반응하려면, 언어이해부터 시작해야 된다. 이러한 능력은 2살 이후부터 인식할 수 있다.

이 연령의 아기는 몇 개의 **개념**을 형성할 수 있다. 다시 말하자면 특정한 소리형태를 통해 아기는 의미를 갖게 된다는 것이다. 흔히 아빠라는 말을, 아버지가 나타날 때마다 어머니가 아기에게 그 이름을 되풀이해서 부르게 되면, 아기는 이를 이해하게 되고, 따라서 말할 수 있는 최초의 단어 가운데 하나이다. 또 좋아하는 장난감 즉 공이나 혹은 물건을 어머니가 아기에게 빈번하게 보여주고, 그 때마다 이름을 말해주면, 이 시기에 물건들의 이름을 각인하게 된다. 이러한 최초의 개념들은 아기의 환경과 주위에 대한 정서적인 관계에서 형성된다. 따라서 아기는 자신을 돌보고 양육하는 사람과, 안정되고 믿음이 가는 집안환경에서, 언어적인 교류를 통해, 가장 말을 잘 이해하고 배울 수 있게 된다.

10개월부터 아기에게 아빠가 어디 있는지, 또는 어떤 특정한 장난감이 어디에 있는지를 물어보면, 아기는 **머리**를 **돌려서** 그것을 **찾는다**. 12개월 말경에는 언어이해는 일반적으로 대단히 진보되어서 아기는 물건을 찾으려고 눈을 두리번거릴 뿐만 아니라, **요구**받은 **이미 알고 있는 물건**을 가져오거나 아니면 성인에게 손을 뻗쳐 가리킬 수도 있다. 또한 간단한 지시와 명령을 재차 반복되는 **금지**를 **이해**하게 되고, 적어도 가끔은 그대로 따를 수 있게 된다.

한 살 된 아기는 몇몇 확실한 개념들을 소유할 뿐만 아니라 이미 간단한 문장의 내용도 이해한다. 무엇보다도 이것을 위한 전제조건은 항상 같은 단어들을 반복 사용해야 하며 그리고 이것과 함께 아동에게 그의 언어이해를 위하여 매일 연습하고 확실하게 하는 가능성이 주어져야 한다.

우리 아기는 한 살 때까지 어떻게 발달하나

신생아의 발달에 관하여 정확하게 잘 아는 경험 많은 소아과 의사들은 어머니들이 그들의 아기들을 아주 정확하게 관찰할 수 있다는 것을 항상 주장해왔다. 어머니들이 아주 자세한 것까지 알고 있어 전문가들 스스로가 자주 놀라기도한다. - 물론 4개월 이전의 아기에 대해서 이해하는 아버지들도 있다. 이 책은 또한 이러한 아버지들을 위해서 씌어진 것이다.

각각의 아기는 자기의 고유한 발달속도를 가진다. 우리는 이 책에 부록을 제시하였는데, 이는 여러분의 아기에 관한 관찰들을 확실하게 가늠해줄 것이다.

특별히 중요한 위치에 즉 이 연령대까지 아기의 특정한 능력이 어떻게든 꼭 획득되어져야 만하는 일정한 상한 연령에 (◆)로 표시한다.

또 다른 관망은 어떤 기능이 이러한 경계시점을 지나서 나중에 나타나는 것은 여러분의 아동을 위해서는 불리할 것이다. - 조산아의 부모들은 아기가 한살이 될 때까지는 일찍이 태어난 주일만큼 더 어리게 계산해야 하는 것에 유의해야 할 것이다.

바로 여러분의 아기를 적극적으로 관찰함으로서 여러분은 중요한 경험을 하게 될 것이다 : 여러분은 나날이 창조물의 새롭고 번뜩이는 모자이크를 발견하고 그리고 이해하게 될 것이다.

기 기

아기를 배로 엎드리게 놓으세요.

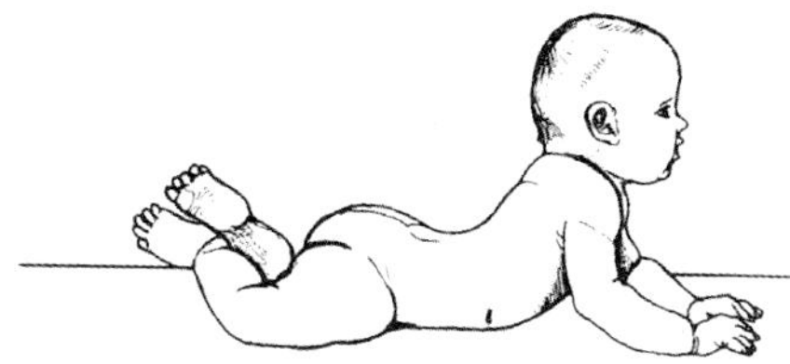

◆16주일째에 여러분의 아기가 머리를 오랫 동안 높이 들지 못한 다면, 소아과 의사에게 그 원인을 문의하세요.

우리 아기는 머리를 적어도 1분 동안 들 수 있어요. 이때 얼굴은 바닥에서 수직으로 듭니다. 아래팔로 몸을 안전하게 받칩니다.

- 처음으로 한 것은 생후 □주일째.

우리 아기는 팔을 쭉 뻗쳐서 손을 반쯤 또는 전부 펴서 몸을 지탱 합니다.

- 처음으로 적어도 5초 동안 한 것은 □주일째.

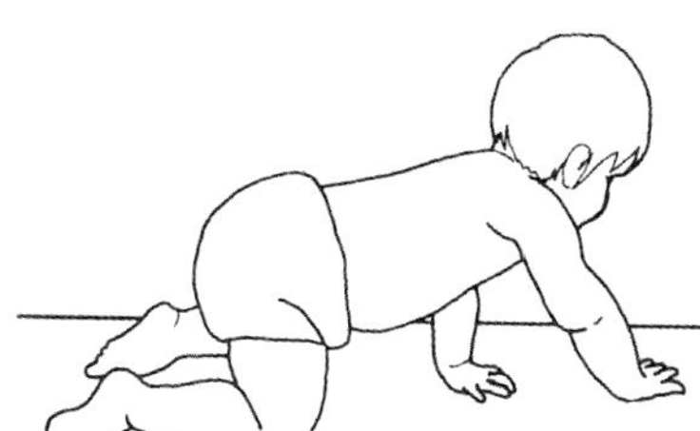

◆여러분의 아기가 48주까지도 기지 못하면 소아과 의사에게 그 원인을 문의하세요.

우리 아기는 손과 무릎으로 길 수 있어요. - 처음으로 한 것은 □주일째.

앉 기

아기를 등으로 눕히세요.

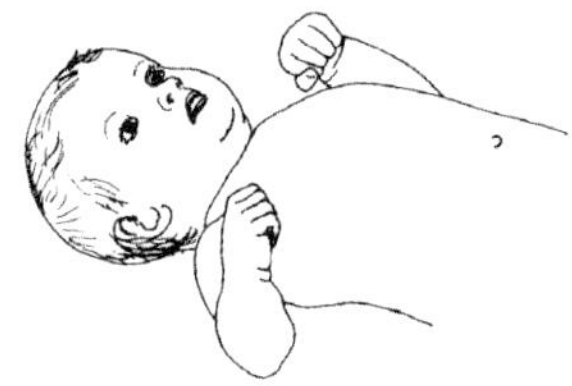

◆16주일째에 여러분의 아기가 머리를 오랫동안 높이 들지 못한 다면, 소아과 의사에게 그 원인을 문의하세요.

우리 아기는 적어도 10초 동안 얼굴을 똑바로 앞으로 하고, 나를 향할 수 있어요.
- 처음으로 한 것은 ☐ 주일째.

여러분의 아기를 앉혀 놓고 기회가 되는 대로 관찰 하세요. 이때 아기의 팔 위쪽을 꽉 잡아주세요.

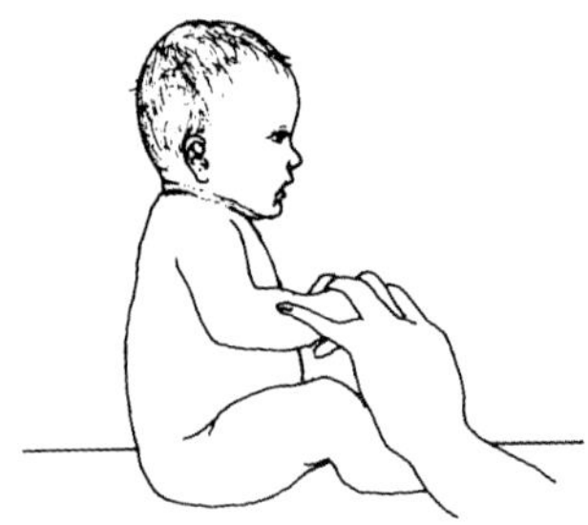

◆아기가 13주 때까지도 앉아서 머리를 똑바로 가눌 수 없다면 소아과 의사를 찾아 가세요.

우리 아기는 머리를 벌써 30초 이상 균형있게 가눌 수 있고, 똑바로 할 수 있습니다.
- 처음으로 한 것은 ☐ 주일째.

아기를 기회가 되는 대로 들어 올리세요. 이때 아기의 팔 아래쪽을 받쳐서 천천히 앉도록 당기세요.

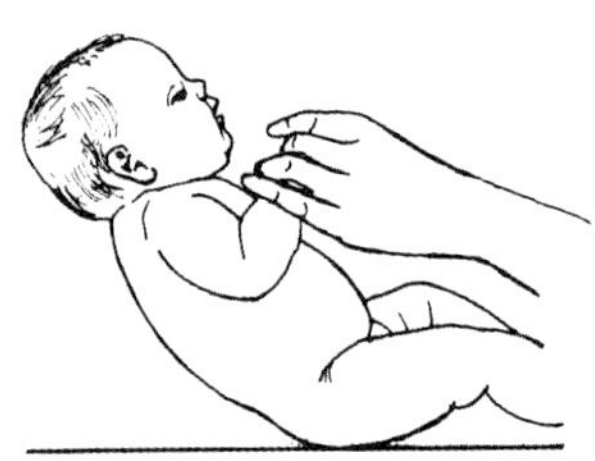

우리 아기는 척추를 들어 올리면서 머리도 함께 들어 올립니다.
- 처음으로 한 것은 ☐ 주일째.

앉 기

앉아 있는 아기의 팔 위쪽을 잡고 상체를 조심스럽게 왼쪽과 오른쪽으로 기울어지게 해 보세요.

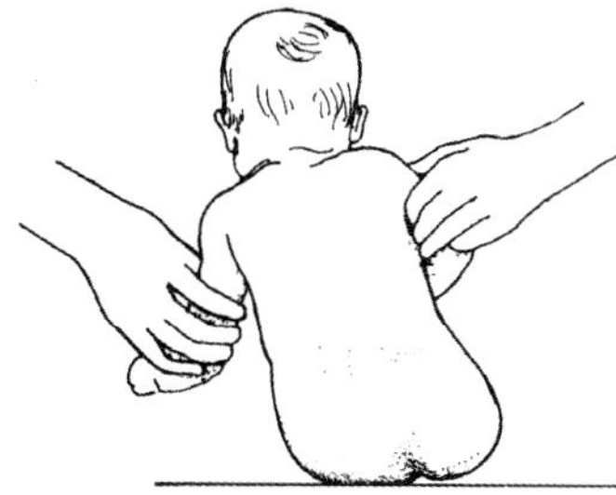

우리 아기는 ≪비스듬해진 몸체≫에도 머리를 똑바로 합니다.
- 양쪽 측면으로 기울이더라도 머리를 바로 가눈 때는 처음으로 ☐ 주일째.

여러분의 아기를 눕혔다가 몸을 돌려 배로 엎드릴 수 있게 흥미로운 장난감을 아기의 옆쪽에(눈높이) 제공해 자극해 보세요.

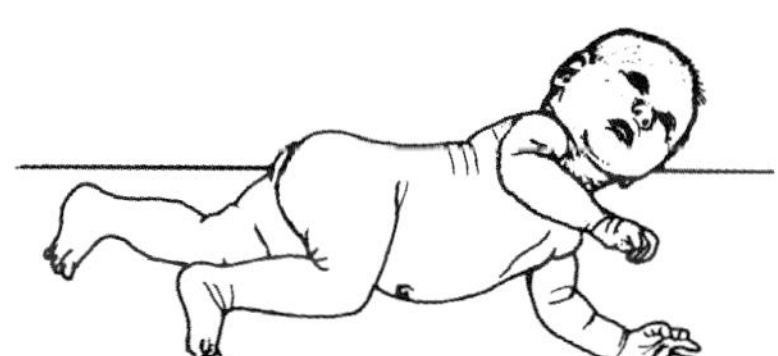

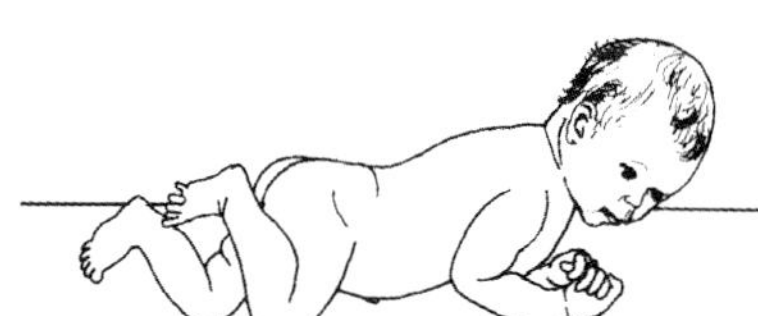

◆여러분의 아기가 35주까지도 누운 상태에서 배쪽으로 전혀 뒤집지 못한다면 소아과 의사에게 그 원인을 물어보세요.

우리 아기는 도움 없이도 등쪽에서 배쪽으로 뒤집을 수 있어요.
- 처음으로 양쪽으로 뒤집은 것은 ☐ 주일째.

앉 기

여러분의 아기를 등으로 누이세요.

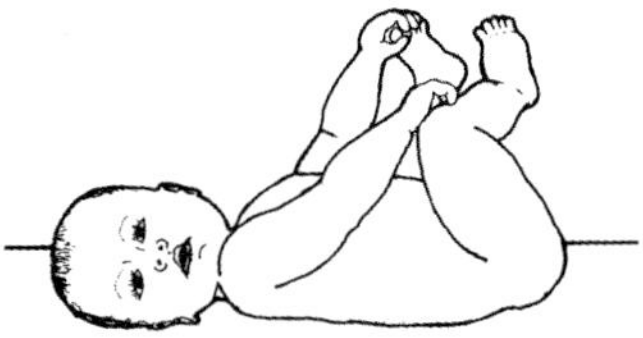

◆여러분 아기가 35주까지도 손으로 무릎을 만지지 못하거나 또는 다리를 만지는 것이 눈에 띄지 않는다면 소아과 의사에게 문의하세요.

우리 아기는 누워서 발을 가지고 놉니다.
- 왼쪽 발 뿐 아니라 오른쪽 발을 가지고 처음으로 논 것은 □ 주일째.

누워 있는 아기에게 엄지나 검지를 내밀어 보세요.
아기가 이 ≪손가락-철봉≫손가락을 자발적으로 잡지 않으면, 손가락을 아기손 안에 넣어 주세요. 이 때 아기를 위로 들어서는 안 됩니다.

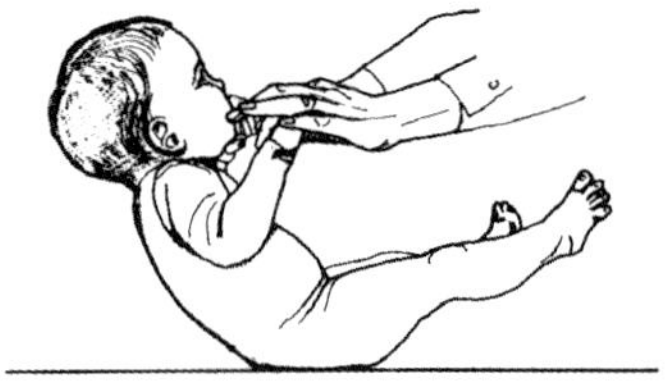

우리 아기는 〈손가락 - 철봉〉을 잡고 몸을 높이 들어 앉을 수 있어요.
- 처음으로 한 것은 □ 주일째.

아기를 등 받침 없이 단단한 바닥에 앉히세요.

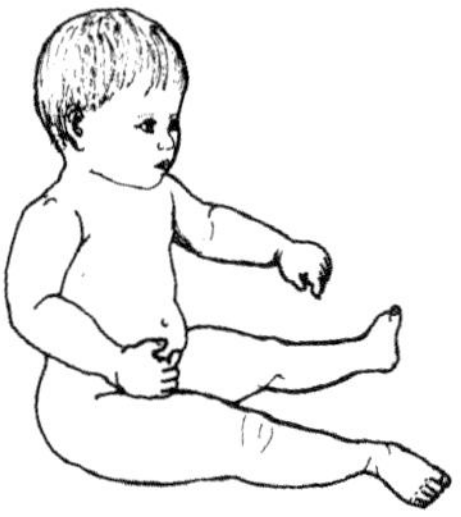

◆아기가 48주까지도 안전하게 앉지 못하면 소아과 의사에게 그 원인를 물어 보세요.

우리 아기는 등을 똑바로 하고 다리를 편하게 쭉 펴고 앉을 수 있습니다.
- 적어도 1분 동안 처음 앉은 것은 □ 주일째.

걷 기

여러분의 양손을 아기의 겨드랑이 밑으로 넣어 몸체를 받치세요. 그리고 -앞으로 약간 굽히고 옆쪽으로 기울어지게- 왼쪽 발로 세웠다가 오른쪽 발로 세워보세요. 아기가 졸리워 할 때 이렇게 해서는 안 됩니다.

◆이미 아기는 반사적으로 걸을 수 있습니다. 모든 아기의 생후 2개월 때부터 잠깐씩 짧게 또는 길게 관찰할 수 있습니다.

우리 아기는 두 다리로 교대하면서 반사적 걸음마를 합니다.
- 맨 처음 한 것은 ☐ 주일째.

아기의 겨드랑이 밑을 손으로 받쳐주고, 천천히 바닥에서 수직이 되도록 세워 보세요.

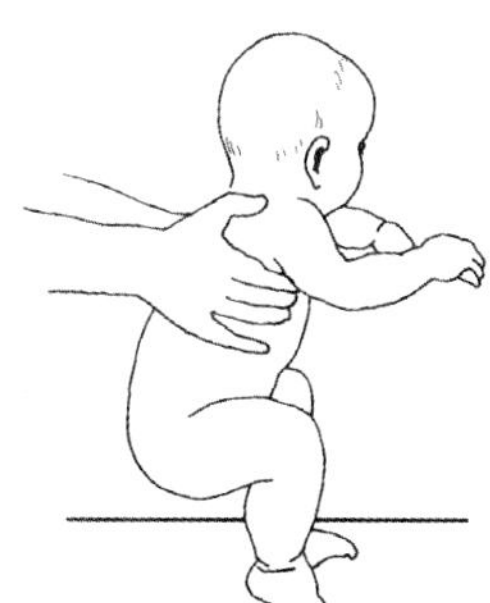

우리 아기는 다리를 수직으로 뻗지 않아요. 두 다리가 바닥에 닿여도 굽힌 채 있습니다.
- 맨 처음 한 것은 ☐ 주일째.

걷 기

아기의 겨드랑이 밑을 받쳐주고 바닥에서 천천히 수직으로 설 수 있도록 해 보세요.

우리 아기는 내가 일으켜 세우면 다시 다리를 쭉 뻗어서 무릎과 엉덩이를 가볍게 폅니다. 아기는 적어도 2초 동안 몸체중을 가눌 수 있어요.

- 처음으로 한 것은 ☐ 주일째.

위에서 말한 대로 아기를 잡고, 아기가 탄력 있게 운동을 할 수 있게 해보세요. 아기를 앉은 자세에서 높이 들지 마세요.

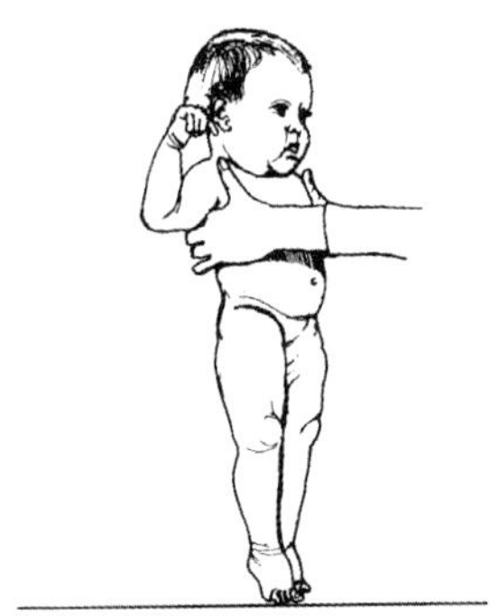

◆아기가 35주까지 탄력성 있게 다리를 움직이지 못하면, 소아과 의사에게 그 원인을 문의하세요.

우리 아기는 다리로 탄력 있는 활동 할 수 있어요.:아기는 쪼그렸다가 엉덩이와 무릎 및 발꿈치부위의 관절로 편다.

- 도움 없이 적어도 한번 시도한 것은 ☐ 주일째.

걷 기

아기를 몸체나 겨드랑이를 받쳐 주지 말고 손으로 잡아서 서도록 시도해 보세요.

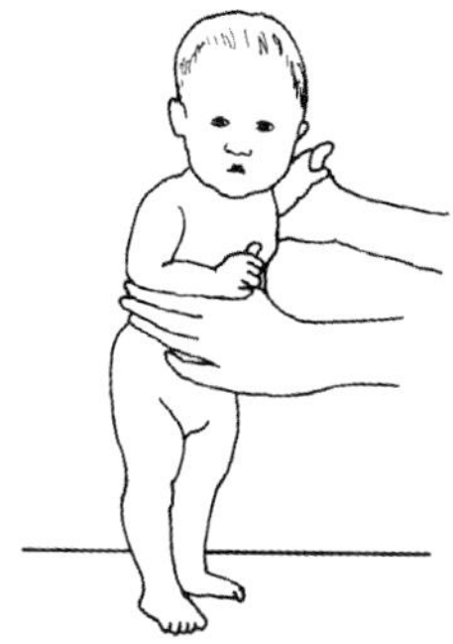

◆아기가 발끝으로만 서거나 또는 44주까지 전혀 설 수 없다면 소아과 의사에게 그 원인을 문의해보세요.

우리 아기는 손으로 받쳐주면 약30초 동안 발바닥으로 몸 체중을 지탱하여 설 수 있습니다.

- 처음으로 한 것은 □ 주일째.

아기가 가구를 잡고 잘 일어날 수 있게 해 보세요.(아기가 걸음마를 연습할 수 있는 목재 창살, 낮은 책상 등)

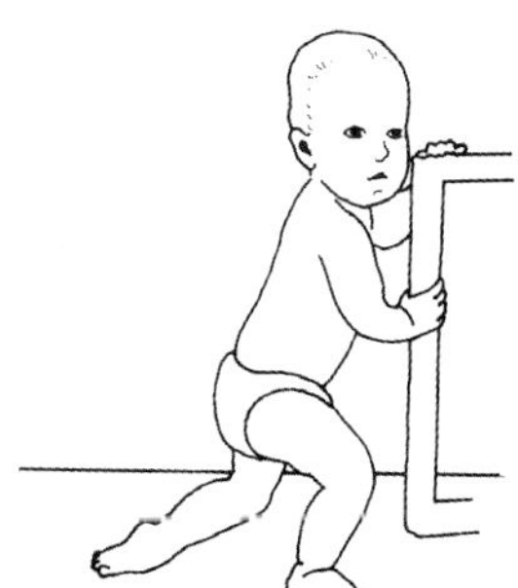

우리 아기는 가구를 잡고 혼자서 설 수 있게 몸을 일으켜 세울 수 있습니다.

- 처음으로 한 것은 □ 주일째.

걷 기

아기의 두 손을 잡아 주고 걷도록 격려해 보세요.

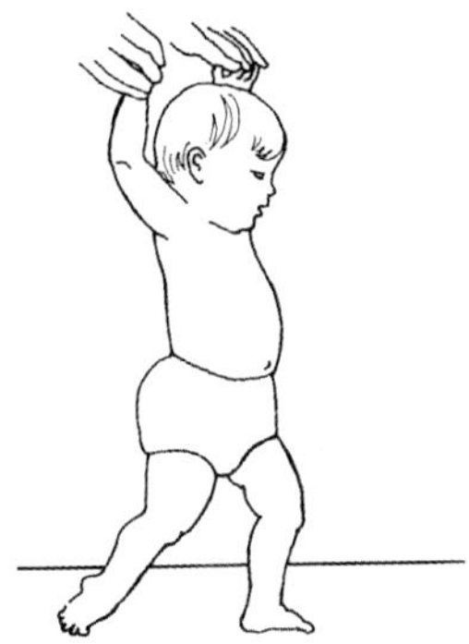

◆아기가 1세 말경까지 도움을 주어도 한 발짝도 앞으로 내어 디딜수 없다면(아기 스스로 다리를 들어야 합니다) 소아과 의사에게 그 원인을 문의하세요.

우리 아기는 앞으로 두, 세 걸음 자유롭게 걸을 수 있어요.

- 처음으로 한 것은 ☐ 주일째.

◆아기가 통상적 기대와는 달리 - 첫 돐까지 무조건 자유자재로 걸을 수 있는 것만은 아닙니다.

우리 아기는 두, 세 걸음 자유롭게 걸을 수 있읍니다.

- 처음으로 한 것은 ☐ 주일째.

잡 기

아기를 눕힌 채 관찰해 보세요.

◆생후 2개월까지 주먹을 쥐는 자세는 정상입니다.

대부분의 아기는 손을 오무려 주먹을 쥐고 있어요.

- 양쪽 손으로 주먹을 쥔 것은 □주일째.

◆13주가 지나서도 대체적으로 주먹을 쥔 채로 있으면 소아과 의사에게 그 원인을 문의하세요.

아기의 손이 대체적으로 반쯤 벌려져 있습니다. 즉 손가락 끝과 엄지손가락은 더 이상 손바닥에 닿지 않아요.

- 양쪽 손 모두 그런 것은 □주일째.

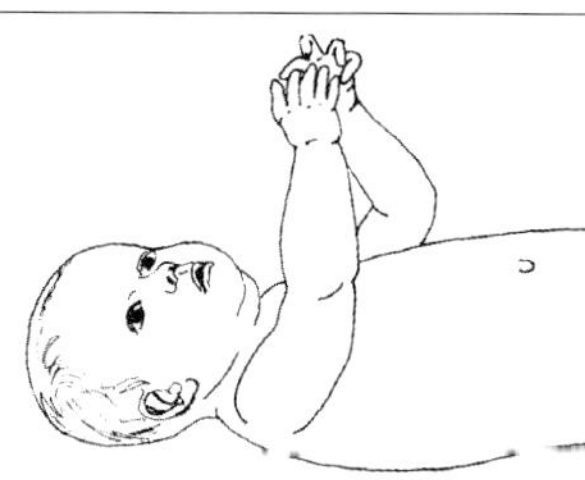

아기는 가슴 앞에 두 손을 모을 수 있어요. 두 손을 가볍게 서로 맞잡고 몇 초 동안 손을 가지고 〈놀아요〉

- 처음으로 한 것은 □주일째.

잡 기

아기를 눕히거나 또는 무릎에 앉혀 아기를 잡되, 두 손을 자유롭게 움직일 수 있도록 하세요. 그리고 나서 아기의 손에 닿을만한 거리 앞에 빨간 주사위나 딸랑이를 제공하세요.

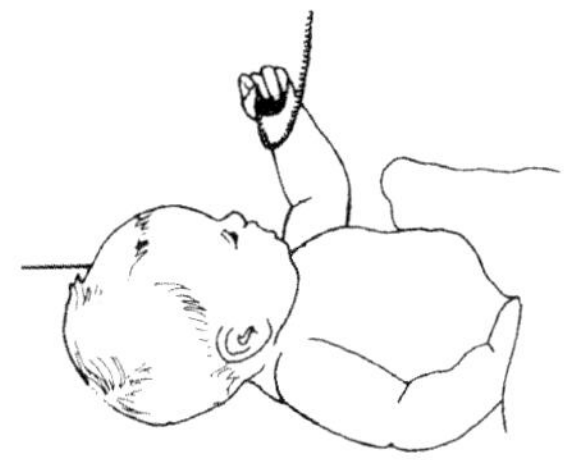

◆30주까지 장난감 모자이크나 장난감을 잡지 못하면 소아과의사에게 그 원인을 문의하세요.

우리 아기는 손을 장난감 있는데로 가져가서 장난감을 잡아요.
허우적거리다가 이렇게 목적 있는 행동을 할 수 있게 됩니다.
- 오른손 뿐 아니라 왼손으로도 맨 처음에 한 것은 ☐ 주일째.

아기에게 주사위나 또는 조그만 나무 고리를 아기가 잘 사용하는 손에 쥐어 주고, 그것을 가지고 무엇을 하나 관찰해 보세요.

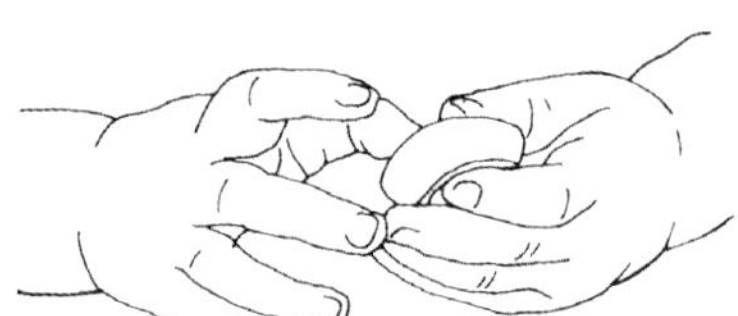

◆30주까지 장난감을 한쪽 손에서 다른 한쪽 손으로 잡지 못하면 소아과 의사에게 그 원인을 문의하세요.

우리 아기는 장난감을 양손 사이에서 바꿀 수 있어요. 우리 아기는 장난감을 이미 입으로 물거나 또는 그것을 바닥에 떨어뜨리지 않고 자유롭게 할 수 있습니다.
- 적어도 한쪽 방향으로 처음 할 수 있었던 것은 생후 ☐ 주일째.

잡 기

우리 아기는 여러 가지 물건을 의도적으로 손에서 떨어뜨릴 수 있습니다. 우리 아기는 손에서 떨어진 물건을 보고 즐거워해요(아직 물건을 던지지는 못합니다)
- 처음으로 한 것은 ☐ 주일째.

아기를 책상 앞에 앉히고 닿을 수 있는 곳에 과자나 조그만 빵 부스러기를 놓아 주세요. 이때에 여러분이 손으로 제공해도 됩니다. 아기의≪집게잡기≫에 유의하세요.

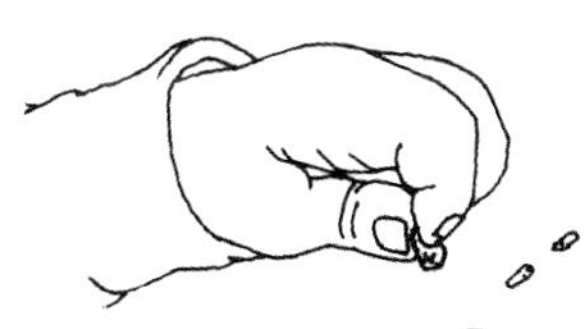

◆아기가 생후 1년까지 엄지와 검지를 가지고 ≪집게 모양≫으로 작은 물건이나 두꺼운 실 같은 것을 잡을 수 없다면, 소아과 의사에게 그 원인을 물어보세요.

우리 아기는 목적했던 조그만 빵 부스러기를 엄지와 검지를 구부려 명확하게 ≪잡습니다≫.
- 처음으로 한손으로 한 것은 ☐ 주일째.

지 각 (지각과 이해능력)

책상 앞에 앉아서 아기를 무릎 위에 앉히고 아기 앞에 빨간 블럭을 놓으세요. 아기가 그것을 쳐다 보는 순간 천천히 주사위를 책상 모서리로 밀어서 떨어뜨리세요.
- 자두 알 만한 크기의 솜 덩어리로 똑같이 해 보세요.

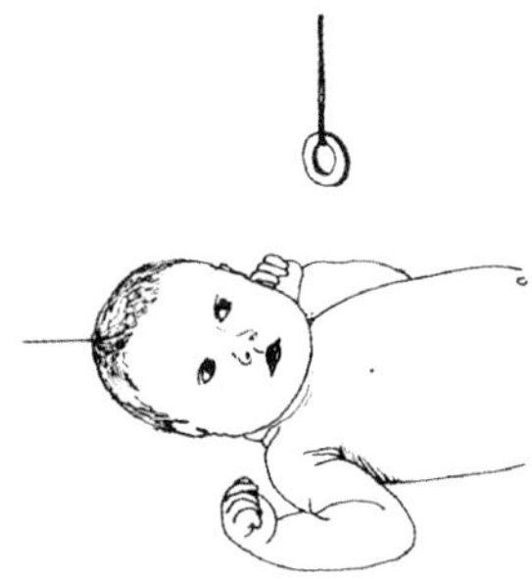

◆아기가 34주까지 눈 앞에서 사라진 물건을 찾지 않으면, 소아과 의사에게 그 원인을 문의하세요.

우리 아기는 아래로 떨어진 블럭에 눈길을 돌립니다.
- 처음으로 한 것은 ☐ 주일째.

아기의 머리 뒤쪽에 서세요. 이때 여러분이나, 다른 사람 또는 흥미를 끄는 물체들로 아기를 방해해서는 안 됩니다. 공간은 아주 조용해야 합니다. 그리고 얇은종이를 아기의 귀 가까이 대고 소리를 내어 보세요. 그다음에 다른쪽 귀에 그 소리를 되풀이하여 보세요.

◆26주까지도 아기가 종이소리나, 그 비슷한 소리에 고개를 확실하게 돌려서 반응하지 못하면, 소아과 의사에게 그 원인을 문의하세요.

우리 아기는 종이소리가 나는 방향을 찾으면서, 그 소리가 나는 곳으로 고개를 돌립니다.
- 양쪽으로 돌리는 것을 처음으로 한 것은 ☐ 주일째.

지 각

아기를 눕히고 아기의 얼굴에서 15~20센티미터 떨어진 곳에 빨간 공 모양의 딸랑이나 또는 눈에 잘 띄는 물체를 보여주세요. 아기가 딸랑이를 쳐다보면, 딸랑이를 천천히 한쪽에서 다른 쪽으로 움직여서 바닥에 닿도록 해보십시오.

우리 아기는 딸랑이를 따라서 눈을 한쪽에서 다른 쪽으로 옮겨 갑니다.

- 처음으로 양쪽으로 눈을 옮길 수 있는 것은 ☐ 주일째.

아기에게 커다란 속이 비인 오목 주사위나 또는 컵(직경이 약 10cm)을 놓고, 아기의눈앞에서 흥미로운 물체를 그 안에 떨어뜨려 보십시오. 아기가 컵 속을 잘 들여다 볼 수 있어야 합니다. 그 다음 아기에게 물체를 꺼내도록 요구해보세요.

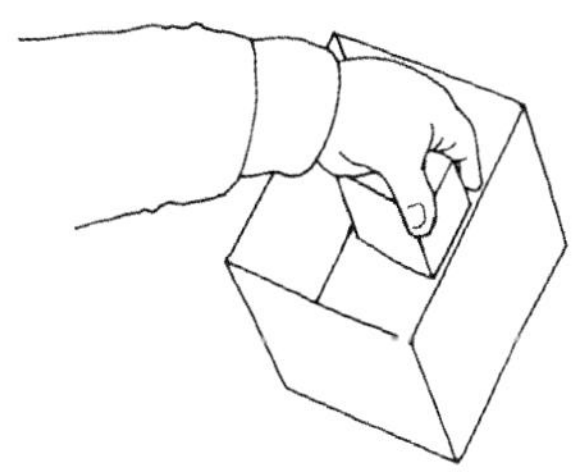

우리 아기는 속이 빈 오목한 주사위 속에 손을 넣어 잡는다.

- 처음으로 한 것은 ☐ 주일째.

아기 가까이에 인형, 곰 인형 또는 장난감 종을 보여 주세요.

◆아기가 1세 말경에 조그마한 세부 부분적인 것(예컨대 구멍이나 단추 따위)에 관심을 나타내지 않으면, 소아과 의사에게 그 원인을 문의 하세요.

우리 아기는 장난감의 세부 부분에 대해서 이미 관심을 나타내며, 검지를 쭉 펴서 만집니다.

- 처음으로 한 것은 ☐ 주일째.

과일 또는 채소를 담는 유리그릇을(직경이 약 4cm) 아기 앞에 놓고, 눈앞에서 중간 크기(직경이 약 2cm 정도)의 단추들을 그 유리그릇 속에 집어 넣으세요. 그 다음은 아기가 스스로 넣도록 격려하세요.

우리 아기는 단추들을 유리그릇 속에 넣을 수 있습니다.

- 적어도 한 손으로 처음 한 것은 ☐ 주일째.

지 각

아기를 무릎에 앉히고 책상 앞에 앉으세요. 끈이 달린 장난감(예를 들어 자동차)하나를 아기의 손이 줄에 닿을 수 있도록 책상 위에 놓으세요. 장난감을 살짝 밀어 아기가 장난감에 관심을 갖도록 해 보세요.
(줄을 잡아 당겨서는 안 됩니다!)

우리 아기는 장난감의 줄을 잡아당길 수 있습니다.
- 처음으로 한 것은 □ 주일째.

사 회 적 　행 동

우리 아기는 팔에 안고 쓰다듬어 주면(배가 고프거나 심하게 아플 때를 제외하고는) 안정됩니다.

- 처음으로 한 것은 ☐ 주일째.

내가 아기 위에서 몸을 굽혀 아기에게 말을 하면, 아기는 희미하게 미소를 짓습니다.

- 처음으로 한 것은 ☐ 주일째.

◆16주까지도 미소를 짓지 않는다면, 소아과 의사에게 그 원인을 문의 하세요.

우리 아기는 내가 얼러주면 크게 웃을 수 있어요.

-처음으로 한 것은 ☐ 주일째.

사회적 행동

내가 조금 ≪엄하거나≫ 또는 ≪화난≫ 표정으로 말하면, 아기는 그것을 느낍니다. 그리고 사랑스럽게 얘기할 때는 다른 표정으로 나를 바라다 봅니다.

- 처음으로 한 것은 ☐ 주일째.

내가 아기 가까이서 무슨 일을 하면, 아기는 눈빛으로 나의 움직임을 따라 쳐다 봅니다.

- 처음으로 한 것은 ☐ 주일째.

낯선 사람 (예를 들면, 방문객이나 우체부)에 대해서 아기는 소극적이며 꽤 경계하는 표정이 됩니다. 아기는 표정으로 나와 낯선 사람을 구별 할 수 있다는 것을 나타냅니다.

- 처음으로 한 것은 ☐ 주일째.

사 회 적 행 동

현재 우리 아기는 확실하게 낯을 가립니다. 낯선 이가 아주 가까이서 아기에게 말을 걸거나 손을 대려고 하면, 아기는 겁난 얼굴로 다른 쪽을 보거나 울음을 터드립니다.

- 처음으로 한 것은 ☐ 주일째.

◆여러분 아기가 1세 말경까지 친숙한 사람과 낯선 사람을 명확하게 구별 하지 못한다면, 소아과 의사에게 그 원인을 문의하세요.

아기가 어떤 일을 잘, 그리고 옳게 했을 때, 칭찬 내지 쓰다듬어 주거나 또는 웃어주면, 아기는 몹시 기뻐하며 칭찬받았던 일을 되풀이 합니다.

- 처음으로 한 것은 ☐ 주일째.

우리 아기는 숨바꼭질-놀이를 좋아하며 그것을 이해하고 또 즐겨(내 앞에서 달아나면서) 함께 합니다.

- 처음으로 한 것 은 ☐ 주일째.

음 성 표 현

매우 만족해서 누워 있을 때, 우리 아기는 ≪에-헤≫, ≪에-케≫, 또는 ≪에-르≫와 같이 들리는 콧소리를 낼 수 있어요.

- 처음으로 한 것은 ☐ 주일째.

우리 아기는 ≪ㄹㄹㄹ의 연속적 발음≫을 할 수 있습니다.

- 처음으로 한 것은 ☐ 주일째.

우리 아기는 이따금 높은 음을 갑자기 낮은 음으로 바꿔 가면서 환호를 지릅니다.

- 처음으로 한 것은 ☐ 주일째.

◆여러분 아기가 26주까지 한번도 환성을 지른 적이 없다면 소아과 의사에게 그 원인을 문의하세요.

우리 아기는 흥겨울 때 연속음절을 리드미칼하게 이어서 말하거나 (예를 들면 ≪맴-맴-맴≫, ≪데-데-데≫처럼), 또는 서로 다른 음절을 결합해서 말합니다(≪예-디≫, ≪외-베≫,≪음-베≫ 처럼).

- 처음으로 한 것은 ☐ 주일째.

음 성 표 현

우리 아기는 속삭일 수 있습니다!

- 처음으로 속삭인 것은 ☐ 주일째.

아기는 아주 뚜렷하게 이중음절을 말합니다.(예를 들면 ≪마-마≫, ≪다-다≫, ≪바-바≫와 또는 이와 비슷한 말) ·

- 처음으로 한 것은 ☐ 주일째.

◆40주까지 아무런 음절(자음+모음)로 말을 하지 못하면, 소아과 의사에게 그 원인을 문의하세요.

우리 아기는 최초의 ≪어린이말≫ (예를 들면 네발 달린 짐승을 ≪부-부≫라고 한다든가, 가버린 것이나 그와 비슷한 것을 ≪아타≫라고 하는 것)을 할 수 있습니다! ·

- 처음으로 한 것은 ☐ 주일째.

언어이해

우리 아기는 사람이름 또는 물체의 명칭을 압니다. 내가 ≪…은 어디에 있니?≫ 또는 ≪아빠가 오는 것을 봐≫라고 말하면, 아기는 그 사람이나 물체가 있는 방향으로 고개를 돌립니다.

- 처음으로 한 것은 □ 주일째.

◆1세 말경까지 아기가 물어 본 사람이나 물체를 찾지 않으면, 소아과 의사와 상의해 보세요.

우리 아기는 내가 어떤 것을 금지하면 그것을 이해합니다.; 금지당한 일을 중단합니다.

- 처음으로 한 것은 □ 주일째.

우리 아기는 아주 가까이에 있는 물체를 가져오라고 하면 이해 합니다. 요구한 물체를 항상 가져오지는 않지만, 적어도 그것을 나에게 밀어줍니다.

-처음으로 한 것은 □ 주일째.